隠された奴隷制

植村邦彦
Uemura Kunihiko

a pilot of wisdom

日本語の文献および翻訳書の引用文には表記や表現を著者が適宜改めた個所があります。
引用文中の小字の［　］は著者による補足です。

はじめに――「奴隷制」と資本主義

私たちは今、資本主義社会に生きている。その日々の暮らしの中で「奴隷制」という言葉に出会う機会はまずない。しかし、実は「奴隷制」と資本主義には密接な関係があることを、あなたはまだ知らない。

「奴隷制」という言葉を聞いてすぐに思い浮かぶものは何だろう。ギリシアやローマの古代地中海世界だろうか。中には、小学校の図書室で読んだストー夫人の『アンクル・トムの小屋』（アメリカ南北戦争前の一八五二年に出版された小説）だという人もいるかもしれない。そもそも人間が「奴隷」であるということは、どういうことを意味しているのだろうか。

紀元前四世紀のギリシアの哲学者アリストテレスは、著書『政治学』の中で、「国家共同体」の基礎単位であり、経済（economy）の語源の源流の一つでもある「家」について次のように述べている。

家［οἰκία］は、完全な形では、奴隷たちと自由人たち［δούλων καὶ ἐλευθέρων］とから成り立つものである。（中略）家の最初にして最小の部分は、主人と奴隷〔δοῦλος〕、夫と妻、父と子という関係なのである。[1]

ここからわかるのは、古代ギリシアのアテナイでは、個々の家ごとに家事労働や農業労働の担い手としての奴隷がいた、ということである。アリストテレスは、こう続けている。

奴隷は生命のある一種の財であり、手伝う者はすべて、道具のなかでもひときわすぐれた道具のように振舞う。（中略）人間でありながら、自然によって自分自身のものではなく、他のもののものである者、これが自然による奴隷にほかならない。およそ人間でありながら財であるような人間は、他のものの所有物である。[2]

人間が他の人間の所有物になる、ということがなぜ起きるのか。アリストテレスは、それが「自然による」ものであることを、それこそ不自然なほどに強調している。彼はこうも述べている。

自由人と奴隷が異なる体形に造られているのも自然の意図によるのである。奴隷の体は、欠くべからざる使用に耐えられる屈強なものであるけれども、自由人の体は、背筋がぴんと張っていて、そのような作業にはむかないが、市民としての生には適している。（中略）かくして、自然によって自由人である人びとと、奴隷である人びとがいることは明らかである。そして後者にとって、奴隷であることは有益でもあり、正しいことでもある。[3]

自然による、ということは、要するに「生まれ」による、ということだ。生まれながらに奴隷となることを運命づけられた人間が存在する、ということである。ただし、アリストテレスは、彼らもまた同じ「人間 ἄνθρωπος = anthropos」であることは認めている。では、実際はどういう人びとが奴隷にされたのか。

イギリスの歴史家ペリー・アンダーソンによれば、古代ギリシアでは「おそらくそれ以前またはそれ以後の他のいかなる生産様式においてよりも、軍事力が経済成長と緊密につながっていた。というのは、奴隷労働の主要な唯一の源泉は、通常は戦争の捕虜であり、他方、戦争のために自由人を都市の軍隊に徴募することは、国内における奴隷による生産の維持に依存していたからである」[4]。

その戦争捕虜が「生きている道具」として売買の対象ともなったのだが、「奴隷——主としてトラキア人、フリュギア人、シリア人——の価格はきわめて低く、奴隷一人を一年間扶養するに要する費用程度であった。そこで奴隷使用は、生来のギリシア人の社会で広くゆきわたり、最下層の職人や小農民さえも、しばしば奴隷を所有するまでにいたった」[5]。

そうだとすれば、たしかに「奴隷」はギリシア人とは生まれが異なる人びとであり、文化的・地理的などのさまざまな条件によってギリシア都市国家の重装歩兵の侵入に抵抗できなかった人びとだった。その結果、故郷での生活や共同体から切り離されて「裸の個人」としてギリシアの都市国家に囚《とら》われ、そこから脱走できなくなった人びとだ、ということになる。このような事情は、規模の大きさを別にすれば、これから見ていくことになる近代の奴隷制とほとんど変わりがないということができるだろう。

なお、ギリシアの奴隷は「ドウロス δοῦλος = doûlos」、ローマの奴隷は「セルウス servus」と呼ばれたが、近代のヨーロッパ諸語では「スラヴ人 Slav」に由来する言葉が用いられている。英語の〈slave〉、フランス語の〈esclave〉、ドイツ語の〈Sklave〉などである。アンダーソンによれば、これらの元となったラテン語の「スクラウス sclavus」が出現するのは一〇世紀だが、それは当時のロシアに侵入したスウェーデン・ヴァイキングによるヴァリャーグ王国が「イスラム世界への奴隷輸出の上に築かれた一個の商業帝国」[6]だったからであり、「その奴隷は全スラヴ的東方から集められ、アラブに征服された地中海地域やペルシアの地、およびギリシア帝国に供給された」[7]からだった。「スラヴ人」が奴隷の代名詞となったのである。

そのような「スラヴ人」たち、あるいは、「新大陸」発見の後、一六世紀以降に西アフリカから大西洋を渡って南北アメリカに連行された近代の「黒人奴隷」たちは、現代の私たちといったいどのような関係があるのだろうか。

一八六七年に出版されたカール・マルクス（一八一八〜一八八三）の『資本論』第一巻の終わり近く、「いわゆる本源的蓄積」を論じた章で、私たちは次のような文章に出会う。

綿工業はイングランドには児童奴隷制を持ちこんだが、それは同時に、以前は多かれ少なかれ家父長制的だった合衆国の奴隷経済を、商業的搾取制度に転化させるための原動力をも与えた。一般に、ヨーロッパにおける賃金労働者の隠された奴隷制［die verhüllte Sklaverei］は、新世界での文句なしの奴隷制［die Sklaverei sans phrase］を踏み台として必要としたのである。[8]

イングランドにおける児童奴隷制！　ヨーロッパにおける賃金労働者の「隠された奴隷制」！　しかもそれは新世界＝アメリカ合衆国の奴隷制と密接な関係があり、それを「踏み台 Piedestal＝台座」として、その上に立ち上がっている、というのである。資本主義は奴隷制を前提とする。そして資本主義は奴隷制を必要とする！

しかし、『資本論』は資本家階級による労働者階級の「搾取」を論じた本ではなかったのか。「二重の意味で自由な」賃金労働者は奴隷とは違う、とマルクスは言っていたのではなかったのか。

「隠された奴隷制」というからには、隠されているのは奴隷制だとしても、何がどのような意味でそれを「隠して」いるというのだろうか。そして、ヨーロッパの賃金労働者が「隠された奴隷制」に囚われているのだとしたら、現代の私たちも「隠された奴隷制」の中にいるのだろうか。

この「隠された奴隷制」という言葉の謎を解くために、近代の奴隷制の歴史を振り返り、そして奴隷制をめぐる言説の歴史をたどり直してみること、そして資本主義と奴隷制との切っても切れない関係をあぶり出すこと、それがこの本の課題である。それでは、三五〇年にわたる奴隷制の思想史に分け入ることにしよう。

目次

はじめに――「奴隷制」と資本主義　3

第一章　奴隷制と自由――啓蒙思想　15
1　ロックと植民地経営　16
2　モンテスキューと黒人奴隷制　22
3　ルソーのモンテスキュー批判　32
4　ヴォルテールの奴隷制批判　36

第二章　奴隷労働の経済学――アダム・スミス　45
1　奴隷貿易の自由化　46
2　スミスとヴォルテール　54
3　奴隷労働の費用対効果　62
4　「労働貧民」としての「自由な」労働者　70

第三章　奴隷制と正義――ヘーゲル――77
1　ヘーゲルとハイチ　78
2　自己解放の絶対的権利　83
3　奴隷解放への期待と幻滅　89
4　労働者階級の貧困と「不正」　95

第四章　隠された奴隷制――マルクス――105
1　直接的奴隷制と間接的奴隷制　106
2　ブレイとマルクス　115
3　マルクスとアメリカ南北戦争　124
4　強制労働と「自由な自己決定」　134
5　「いわゆる本源的蓄積」論の意味　145

第五章　新しいヴェール——新自由主義——157
1　新自由主義的反革命　158
2　「自立」と「自己責任」　164
3　「人的資本」　176
4　「自己啓発」　187
5　「強制された自発性」　196

第六章　奴隷制から逃れるために——205
1　資本主義と奴隷制——ポメランツ　206
2　マルーンとゾミア——スコット　213
3　負債と奴隷制——グレーバー　222
4　資本主義の終焉を生きる　234

終章――私たちには自らを解放する絶対的な権利がある　246
あとがき　252
註　256

第一章　奴隷制と自由——啓蒙思想

1 ロックと植民地経営

ジョン・ロック（一六三二〜一七〇四）は、イギリスにおける啓蒙思想の幕開けに位置づけられることの多い思想家である。ロックといえば「自由」がキイワードだ。たとえば、政治思想史家の丸山眞男（一九一四〜一九九六）は、一九四九年の「法哲学四季報」第三号に「ジョン・ロックと近代政治原理」という文章を寄せて、次のように述べている。「ロックは『自由』の概念を『拘束の欠如』という消極的な規定［＝ホッブズの立場］から、自己立法――人間が自己に規範を課する主体的自由――という積極的＝構成的な観念に高めることによって、政治的自由主義の原則を体系的に確立した最も早い思想家の一人であった[1]」。

ロックの政治思想は一般に「社会契約論」と呼ばれるが、その社会契約論の先駆者に位置づけられるのがトマス・ホッブズ（一五八八〜一六七九）である。そして、「信約 covenant」（ホッブズ）や「同意 consent」（ロック）に基づいて新しい政治社会を設立することを論じたこの二人に共通するのは、ともに北アメリカにおける植民地の開発に関わりをもっていた、ということである。社会契約による新しい政治社会の設立、という考えは、植民地において現実に進行している事態の反映でもあった。

イギリスによる北アメリカ植民は、一五八四年にエリザベス女王が派遣した偵察船が北アメリカに到達し、その土地を独身の女王にちなんで「ヴァージニア」と命名したことに始まるが、一五八五年と一五八七年の二度にわたる集団入植の試みは失敗し、一六〇七年に勅許会社「ヴァージニア会社」による組織的な植民地建設が開始されることによって、はじめて軌道に乗ることになる。

ホッブズは、ウィリアム・キャヴェンディッシュ（第二代デヴォンシャー伯爵、一五九〇頃～一六二八）の家庭教師をしていた関係で、一六二二年にキャヴェンディッシュからその「ヴァージニア会社」の株を与えられて株主になった。[2]

他方のロックについては、アメリカの歴史家ハーマン・ルボヴィクスがこう説明している。「パトロンである初代シャフツベリ伯爵アンソニー・アシュリー・クーパーを通して、ロックはカロライナの何千エーカーもの未開発地の所有者になり、また海外領土から利益を挙げるために創設された多くの会社の株主になった。彼は植民地帝国を監督するために設立された政府機関に勤務した。彼の収入の大部分は、植民地関係公務員としての仕事と植民地への投資とからもたらされた[3]」。

ここで名前の挙がっている「カロライナ植民地」（現在のアメリカ合衆国のノース・カロライナ州とサウス・カロライナ州を含む）は一六六三年に王の勅許を得た植民地で、当初は八名の領主がその所有者だった（うち五名は伯爵以上の貴族、残りの三名は平民）。そのうちの一人であるシャフツベリ伯爵（一六二一〜一六八三）から、ロックは土地の一部を手に入れたのである。それにとどまらず、ロックは一六六九年に「カロライナ憲法草案」の作成に関与することになる。文字通り、植民地における社会契約の明文化の試みである。

この「憲法草案」の第一条で、ロックはこう明言している。

当地のよき統治の実現と、領主の利益を対等かつ混乱なく設定するために、この領土の統治は、現行君主制に従う。この領土は君主制の一部を構成し、われらは多数民主制［a numerous democracy］の設立を回避する。[4]

この植民地は勅許によるものなので、現行君主制に従うのは当然の前提だったと思われる。しかし、国王が植民地を直接統治するわけではないのだから、「多数民主制の設立を回避する」と明記しているのは、領主の寡頭制的支配を確保するためである。カロライナの植民地社会は、当時のイングランド本国と比べても時代錯誤的なほどの封建的な領主制支配の場だったようである。ロックは、第二二条にこう書いている。

各領主領、男爵領、および荘園において、すべて農奴〔the leet men〕は、領主等からの訴えがなくとも、各当該領主、男爵、または荘園主の管轄下にある。農奴男女は、当該主から署名捺印文書による許可なくして、自己の主の土地から離れ、および他所に住む自由を有しない。[5]

続く第二三条には、「農奴の子はすべて農奴であり、それは全子孫に該当する」[6]、とも書かれている。このように移動の自由を制限された「身分」としての「農奴」は、それでもまだ奴隷ではない。さらにその下に「黒人奴隷」が存在したからである。第一〇一条はこう明記している。

カロライナのいかなる自由人〔freeman〕も、彼の黒人奴隷〔negro slaves〕がどんな見解または宗教をもとうと、その者に絶対的な権力と権限を有する。[7]

このように農奴を使役し、黒人奴隷に対して「絶対的な権力」を行使する植民者たちの統治組織は、社会契約論が想定するような、「自由人」の同意に基づく合議機関でも立法機関でもなかった。実際には、領主および領主裁判所の顧問からなる総勢五〇名の「大評議会」が最高権力機関だったのである。この大評議会のみが「近隣のインディアン[the neighbour Indians]と宣戦、和睦をなし、同盟、約定等を結ぶ権限を有する。陸上、または海上で、軍隊を招集、配置、または解散するために、治安監察官裁判所、および海事奉行裁判所にたいして全般的な命令を出す権限を有する」[8]。

この「憲法草案」の条文から想像されるのは、ロック自身はイングランドを離れなかったにしても、カロライナ植民地の土地所有者として（おそらくは荘園主として、現地の代官を通して）農奴を使用し、さらに間接的に奴隷を所有していた、ということである。しかし、それだけではなかった。歴史家の三浦永光によれば、ロックは奴隷貿易にも出資していた。「ロックはアメリカ先住民に対する植民者の戦闘を肯定し、また黒人奴隷制をも容認し、みずからも奴隷取引［王立アフリカ貿易商人会社］に出資していた。植民による生産力の上昇とイギリスの国富の増大という偉大なる目的の前には、異民族の犠牲者の存在はロックを思想的に悩ませる種にはならなかったのである」[9]。

おそらくそのような実績が評価されたからだろうが、ロックは、一六七三年から一六七五年に王国政府の「通商植民省 Board of Trade and Plantations」の事務局長を務めることになり、アメリカ植民政策の実質的な推進者となるのである。

この一七世紀後半のカロライナにどれほどの「黒人奴隷」がいたのか、彼らが具体的にどのような労働に従事していたのかはよくわからない。しかし、この時期が、イギリス領の北アメリカやカリブ海地域に大量のアフリカ人奴隷が導入されはじめた時期であること、つまり奴隷貿易が利益の上がるビジネスになっていった時期であることは間違いない。

エリック・ウィリアムズ（一九一一～一九八一）はイギリス領トリニダード・トバゴ出身の歴史学者で、独立後の初代首相となった人物だが、すでに古典となった彼の著書『資本主義と奴隷制』（一九四四年）によれば、アメリカ植民地における初期の主要な労働者は、イギリス本国から移送されてくる犯罪者や年季奉公人だった。「白人奉公人制度［the White servitude］は黒人の奴隷制［Negro slavery］成立のための歴史的基盤であったと言えるだろう」。それに対して、「後からやってきた相当数のアフリカ人奴隷は、すでに出来上がっていたシステムに組み込まれたにすぎない。（中略）黒人奴隷制のそもそもの理由は経済的なものであって、人種的なものではない。つまり関係していたのは、労働者の肌の色ではなく、労働力の安さだったのだ」[10]。

ウィリアムズによれば、「黒人奴隷制の起源は、次の三つの言葉に集約できる。カリブの砂糖、アメリカのタバコ、そして綿花である」。それはなぜか。

砂糖、タバコ、綿花の生産には広大なプランテーションと大量の安い労働力が必要だった。そうなると、小農園で生計を立てていた元奉公人の白人小作農民などはひとたまりもなかった。バルバドスの小さなタバコ農園は、巨大な砂糖きびプランテーションに姿を変えた。カリブにおける砂糖産業の隆盛は、小作農大量消滅の合図でもあった。一六四五年当時のバルバドスには一万一二〇〇人の白人小作人と五六八〇人の黒人奴隷が住んでいたが、一六六七年には巨大プランテーションの数は七四五にのぼり、なんと黒人奴隷の数は八万二〇二三人に激増している。また、一六四五年には銃器を所有できた白人は一万八三〇〇人いたが、一六六七年には八三〇〇人に減っている。明らかに白人の小作農民は締め出されたのだった。[11]

こうして、一七世紀後半以降、カリブ海とそれを挟む南北アメリカに、黒人奴隷制プランテーションの最盛期がやってくることになる。

2 モンテスキューと黒人奴隷制

アメリカの政治哲学者スーザン・バック゠モースに「ヘーゲルとハイチ」という著作がある。彼女の専門はドイツ哲学、特にフランクフルト学派の批判理論で、テオドール・アドルノやヴァルター・ベンヤミンに関する著書があり、[12] ドイツ語版『アドルノ全集』第九巻『社会学論集

Ⅱ』の編集責任者でもある。
そのバック＝モースは、二〇〇〇年に「ヘーゲルとハイチ」と題した論文をアメリカの学術雑誌「批判的探求 Critical Inquiry」第二六号に発表し、賛否両論を含む大きな話題を呼んだ。その論文を第一部として再録し、それに対する批判への応答を第二部「普遍的な歴史」として一書にまとめたのが、二〇〇九年の『ヘーゲル、ハイチ、普遍的歴史』である。彼女はその第一論文の冒頭で次のように述べている。少し長いが、重要な指摘を含むので、そのまま引用してみる。

奴隷制は、一八世紀までには、西洋の政治哲学において権力関係にまつわる悪のすべてを含意する根本的なメタファーとなっていた。その対立概念である自由こそが、啓蒙主義の思想家からは最高の普遍的な政治的価値とみなされた。しかし、この政治的メタファーが根づきはじめた時代は、まさに奴隷制の経済的実践——植民地における労働力としての非ヨーロッパ人の組織的できわめて洗練された資本主義的な奴隷化——が量的に増し、質的に強化され、その結果として、一八世紀中葉には奴隷制が西洋の全経済システムを保証するまでにいたった時代であった。逆説的なことに、このような経済的実践が、奴隷制とはそれ自体根本的に矛盾するまさに啓蒙主義的理想のグローバルな拡散を促したのでもあった。（中略）何百万という植民地の奴隷労働者の搾取は、自由こそが人間の自然状態であり、奪うことのできない権利であると宣言した当の思想家から、世界の所与の一部として受け入れられていた。自由という理論的主張が政治的ステージで革命的行動へと変容されるときですら、奴隷を酷使する植民地経済はステージの背後の闇に閉ざされたまま機能することができた。[13]

つまり、「啓蒙の世紀」と言われるヨーロッパの一八世紀は、同時にヨーロッパ人が経営する黒人奴隷制プランテーションの最盛期でもあった、ということである。そして、「自由」の権利を主張する一方で植民地の奴隷制を「世界の所与の一部として」受け入れていたという偽善的思想家の代表例としてバック＝モースが挙げるのが、フランスの啓蒙思想家モンテスキュー（一六八九〜一七五五）である。彼女の糾弾の口調はかなり厳しい。

啓蒙の議論に奴隷制を持ち込み、論調を定めたのはモンテスキューであった。彼は、哲学的には奴隷制を非難する一方、実践的、風土的、そして露骨にレイシスト的な根拠（「平らな鼻」、「頭からつま先まで黒い」、「『常識』に欠けている」）にもとづいて、「ニグロ」奴隷を正当化した。モンテスキューはつぎのように結論する。植民地の奴隷制によって

「アフリカ人になされる不正をあまりに強調するのは愚かである」[14]。

バック＝モースは断片的にしか引用していないので、モンテスキューの『法の精神』（一七四八年）の該当個所《かしょ》、第三部第一五編第五章「黒人奴隷制について De l'esclavage des nègres」を見てみることにしよう。少し長いが、これもほぼそのまま引用する。

もし、私が、黒人を奴隷とすることについてわれわれがもっていた権利を擁護しなければならないとしたら、私は次のように述べることになるであろう。／ヨーロッパの諸民族はアメリカの諸民族を絶滅させてしまったので、あれほどの広い土地を開拓するのに役立たせるため、アフリカの諸民族を奴隷身分におかなければならなかったのである。／砂糖を産する植物を奴隷に栽培させるのでなかったら、砂糖はあまりに高価なものとなるであろう。／現に問題となっている連中は、足の先から頭まで真黒である。そして、彼らは、同情してやるのもほとんど不可能なほどぺしゃんこの鼻の持主である。／極めて英明なる存在である神が、こんなにも真黒な肉体のうちに、魂を、それも善良なる魂を宿らせた、という考えに同調することはできない。（中略）／黒人が常識［le sens commun］をもっていないことの証明は、文明化された諸国民［nations policées］のもとであんなに大きな重要性をもっている金よりも、ガラス製の首飾りを珍重するところに示されている。／われわれがこうした連中を人間であると想定するようなことは不可能である。なぜなら、われわれが彼らを人間だと想定するようなことをすれば、人はだんだんわれわれ自身もキリスト教徒ではないと思うようになってくるであろうから。／気の小さい連中は、アフリカ人たちに対してなされている不正［injustice］をあまりに誇張している。というのは、もしこの不正が彼らの言っているほどのものであるとしたら、おたがいの間であれほど多くの無益な協定を作っているヨーロッパの諸君公の頭の中に、慈悲と同情のために、これについて一般的協定を作るという考えが浮かんだはずではなかろうか。[15]

アフリカの「黒人」の身体《からだ》や知性に対する本質主義的で人種差別的な断定が言いたい放題に書き連ねられているこの文章を素直に読めば、バック＝モースが憤慨するのももっともだと思われる。ただし、『法の精神』の岩波文庫版の訳者は、この個所に次のような訳注を付けている。「この章の原文は仮定法で書かれており、M［モンテスキュー］の意見ではない。B［『法の精神』の編集者だったジャン・ブレート・ド・ラ・グレッセ（一八九五〜一九九〇）を指す］は、Mがこれほど皮肉な文章を書いたことはないと評している」[16]。

しかし、これが「皮肉」を意図して書かれた文章だとしても、その「皮肉」は誰に対して向けられたものなのだろう。ブラック・ユーモアというものは解釈が難しい。それがユーモアのつもりだとしても、ブラックな側面は、往々にして著者の本音が漏れ出たものだったりするからである。

バック＝モースが指摘しているように、モンテスキューはたしかに「哲学的には奴隷制を非難」している。彼は、『法の精神』第三部第一五編第一章で、「奴隷制」について次のように述べている。「本来の意味における奴隷制とは、一人の人間が他の人間の生命および財産の絶対的な主人となるほどまでに他の人間を従属させるような権利の設定である。それはその本性上よくない。すなわち、それは主人にとっても奴隷にとっても有益でない[17]」。「有益でない」というのは功利主義的な判断ではなくて、「道徳的な徳 vertu morale」の観点からである。

モンテスキューはさらに同編第七章で次のようにも言う。

しかし、すべての人間は平等に生まれついているのだから、ある国々においてそれがどんな自然的理由に基づいているとされようとも、奴隷制なるものは自然に反している[l'esclavage est contre la nature]、と言わなければならない。そして、以上の国々と、まことに幸いにも奴隷制が廃止されているヨーロッパの国々のように、自然的諸理由そのものが奴隷を拒否している国々とははっきりと区別しなければならない[18]。

このようにモンテスキューは、奴隷制を道徳的に「自然に反する」ものとして批判するのだが、私たちにとっての問題はむしろ、いま引用した文章にも明確に現れている彼の「ヨーロッパ中心主義」の方だろう。実際に『法の精神』が同時代の思想界に最も大きな影響を与えたのは、黒人奴隷制の問題ではなく、「ヨーロッパの自由」と対比される政治形態としての「アジアの専制国家」批判であった。

先に見た「黒人奴隷制について」に続く第六章「奴隷制に関する権利の真の起源」で、モンテスキューは次のように論じている。

およそ専制政体〔gouvernement despotique〕のもとにあっては、人は非常に容易に身を売る。そこでは政治的奴隷制〔l'esclavage politique〕がなんらかの仕方で公民的自由を無に帰せしめているのである。／ペリー氏は、モスクワ人（ロシア人）たちは極めて安易に身を売る、と言っている〔ジーン・ペリー『大ロシアの状態』パリ、一七一七年〕。私はその理由がよくわかる。これは、彼らの自由が何の値打ちもないからである。／アキム〔スマトラ島のアチェエ〕では誰もが身を売りたがっている〔ウィリアム・ダンピア『最新世界周航記』第三巻、アムステルダム、一七一一年〕。（中略）こうした国々では、自由人も、政府に対してあまりに無力なので、政府に対抗して権力を振るっている人々の奴隷となることを求めるのである。[19]

モンテスキューによれば、このような「政治的奴隷制」の典型をなすのが「アジアの専制政治 despotisme de l'Asie」[20]であり、それを例証するための叙述の材料は、ペルシア帝国やトルコ帝国だけでなく、ムガル帝国や中国、さらに日本からも集められている。日本については、彼はこう書いている。

目を日本に向けてみよう。／そこでは、ほとんどすべての罪は死をもって罰せられる。なぜなら、日本の皇帝ほど偉大な皇帝に服従しないことは、大変な罪であるから。罪人を矯正することではなく、君公の報復をすることが問題なのである。こうした観念は隷属状態〔servitude〕から導き出されたものであり、特に、皇帝があらゆる財産の所有者であるため、ほとんどすべての罪が直接皇帝の利益に反することになるということから生じてくる。[21]

これが一八世紀半ばの江戸時代の日本に当てはまるのか、大いに疑問がわくが、『法の精神』に付けられた原注を見ると、日本に関する情報の出所として使われているのは、長崎出島に滞在したオランダ東インド会社のドイツ人医師エンゲルベルト・ケンペル（一六五一～一七一六）の『日本誌』だけである。彼は『日本の歴史と描写 Geschichte und Beschreibung von Japan』というドイツ語の草稿を残して死去したが、その後この草稿は英訳されて『日本誌 The History of Japan』として一七二七年にロンドンで出版された。モンテスキューが利用したのは、一七二九年に出版されたそのフランス語訳である。[22]

モンテスキューが特にアジア（あるいは東洋）を名指しするのは、そこでは「政治的奴隷制」と「家族的統治」との派生物として、「私有奴隷制」と「女性の隷従」が同時に見られるからであった。「専制政治の国々においては、人々はすでに政治的隷属状態にあるので、私有奴隷制［l'esclavage civil］は他の国々におけるよりも我慢がしやすい。そこでは、各人は自分の生活の糧と生命を保っているだけで十分満足しなければならない」[23]。さらにまた「女性の隷従は、あらゆるものを濫用することを好む専制政体の精髄に極めて適合している。こうしてまた、人はアジアにおいてあらゆる時代に、家内隷従［la servitude domestique］と専制政体とが同一歩調で進行するのを見てきたのである」[24]。

このように「政治的奴隷制」と「私有奴隷制」さらに「家内隷従」を重層させるアジアの専制国家が「まことに幸いにも奴隷制が廃止されているヨーロッパの国々」と比較されて批判の対象となるのだが、しかし、一八世紀半ばのこの時点では「ヨーロッパの国々」はまだアメリカ（西インド）において黒人奴隷制を維持しているのである。それは他人事《ひとごと》なのだろうか。問題は「アフリカ人」の側にあるのだろうか。

アフリカ人については、モンテスキューは別のところでこう述べている。

アフリカ沿岸の諸民族の大部分は未開または野蛮である。（中略）彼らには産業がなく、技芸もない。彼らは自然の懐から直接手に入れる貴金属をふんだんにもっている。それゆえ、文明化したすべての諸民族［les peuples policés］は彼らと有利な取引をすることができる。文明化した諸民族は彼らに無価値なものを高く評価させて、そこから非常に大きな代価を受けることができる。[25]

先に見た「黒人奴隷制について」という章では、モンテスキューは「黒人が常識をもっていない」ことの例として、彼らが「金よりも、ガラス製の首飾りを珍重する」ことに言及していた。ここでモンテスキューが述べているのは、そのような「常識のなさ」を利用することで、ヨーロッパ人は「ガラス製の首飾り」と交換に金を手に入れることができるのであって、それは「有利な取引」だ、という断定である。

この文章は、「黒人奴隷制について」の個所とは違って、仮定法で書かれた「皮肉」ではない。これは明らかにモンテスキュー自身の考えを表明した個所である。そうだとすれば、黒人の無知につけ込んで彼らを詐欺的に利用することにやましさを感じないモンテスキューが、黒人奴隷制に対しても明確な批判をしなかったことは、むしろ当然だったのかもしれない。

3　ルソーのモンテスキュー批判

モンテスキューが「アフリカ沿岸の諸民族」に代表されるような「未開または野蛮」な諸民族に対する「文明諸民族」の知的・経済的優位を強調するのに対して、「未開」と「文明」の価値観を逆転させることによって「未開」諸民族を擁護したのが、ジャン゠ジャック・ルソー（一七一二〜一七七八）だった。彼は、『法の精神』の七年後に発表された『人間不平等起源論』（一七五五年）で、「われわれに知られている大部分の未開民族［peuples sauvages］が到達していた段階[26]」を次のように描いている。

この人間能力の発達の時期は、原始状態ののんきさとわれわれの自尊心の手に負えない活動とのちょうど中間に位して、最も幸福で最も永続的な時期だったにちがいない。これについてよく考えれば考えるほど、この状態が最も革命の起こりにくい、人間にとって最良の状態であったこと、また人間は、共通の利益のためには決して起こらないにこしたことはなかった何かの忌まわしい偶然によらないかぎりこの状態を離れるはずはなかったことが、見出《みいだ》される。未開人〔l'homme sauvage〕はほとんどすべてがこの段階において見出されたのであるが、彼らの実例は、人類が永久にこの地点に停まるように造られていたこと、この状態は真に世界の青年期であること、そして以後の一切の進歩は、表面上はそれだけ個体の完成への歩みとなりながら、実際はそれだけ種の老衰への歩みであったことを確証するように思われる。[27]

ここでルソーは「文明化」の過程が「老衰への歩み」だったと主張しているのだが、それだけではない。彼によれば、農耕の開始に始まる「文明化」とはまさに「奴隷制」の成立にほかならないからである。

収穫とともに奴隷制と貧困〔l'esclavage et la misère〕とが芽ばえ、生長するのが見られるようになった。／冶金と農業とは、その発明によってこの大きな革命を生みだした二つの技術であった。人間を文明化し〔civilisé〕、人類を堕落させたものは、詩人からみれば金と銀とであるが、哲学者からみれば鉄と小麦とである。[28]

ここでルソーが「文明化」という言葉で想定しているのは、歴史的に見れば古代ギリシアにおける都市国家の成立とそれを支えた家内奴隷制だが、ルソーにとって奴隷制の意味はそれだけではない。彼にとっては、それこそが「社会および法律の起源」だからである。彼はこう続けている。

この社会と法律が弱い者には新たなくびきを、富める者には新たな力を与え、自然の自由を永久に破壊してしまい、私有と不平等の法律を永久に固定し、巧妙な簒奪《さんだつ》をもって取り消すことのできない権利としてしまい、若干の野心家の利益のために、以後全人類を労働と隷属〔la servitude〕と貧困に屈服させた。[29]

このような意味での「奴隷制」と「隷属」は、まさに現在のヨーロッパにも依然として存続している、というのがルソーの批判だった。したがって彼は、「まことに幸いにも奴隷制が廃止されているヨーロッパの国々」を称揚する『法の精神』のモンテスキューとは正反対の位置にいる、ということになる。

一七六二年の『社会契約論』でも、ルソーは次のように断言している。

イギリスの人民は自由だと思っているが、それは大間違いだ。彼らが自由なのは議員を選挙する間だけのことで、議員が選ばれるやいなやイギリス人民は奴隷〔esclave〕となり、無に帰してしまうのだ。[30]

立法権をもつ議会が存在し、議員の選挙制度があるイギリスでさえ、人民は選挙期間を除けば「奴隷」だというなら、それ以外のヨーロッパ諸国、とりわけブルボン王朝支配下のフランス王国は、もちろんそれ以下だということになる。

何だって！　自由は奴隷〔la servitude〕の助けがなければ維持されないのか？　おそらくそうだろう。両極端は相接する。自然のなかに存在しないものには、すべて不便がまつわり、市民社会はとくにそうだ。そこには、他人の自由を犠牲にすることなしには自由を保つことができず、市民が完全に自由でありうるためには、奴隷〔l'esclave〕は極端に奴隷的〔esclave〕でなければならぬ、というような不幸な状況がある。それがスパルタの状況であった。諸君のような近代人は奴隷を全くもたないけれども、諸君自身が奴隷なのだ。諸君は、諸君の自由を売って、奴隷の自由を買っているのだ。[31]

ここから明らかなように、ルソーは「奴隷制」という言葉を、政治的自由の欠如態としての「政治的奴隷制＝政治的隷属」の意味で使っている。その点では、モンテスキューに倣っているのである。しかし、モンテスキューがこの概念をアジアの「専制国家」を批判するために創り出したのに対して、ルソーはそれをまさにヨーロッパに現存する「専制国家」を批判するために使ったのだった。その意味で、『不平等起源論』も『社会契約論』も、『法の精神』への正面からの批判だったのだが、それは逆に言えば、モンテスキューの「政治的奴隷制」概念の影響力の大きさを表現するものでもあった。しかし、その結果、同時代の黒人奴隷制の問題は「政治的奴隷制」の影に隠れて見過ごされてしまうことになったのである。

4　ヴォルテールの奴隷制批判

それに対して、黒人奴隷制の問題に再び大きく光を当てたのが、ヴォルテールこと、本名フランソワ＝マリー・アルエ（一六九四～一七七八）であり、一七五九年に出版された彼の小説『カンディードあるいは最善説』だった。

この喜劇小説の主人公カンディードは、ドイツのウェストファリア（ヴェストファーレン）出身の貴族の青年で、家庭教師のパングロスの影響を受けて「すべては最善である」説の信奉者だったが、リスボンの大地震（一七五五年）やプロイセンとオーストリアの七年戦争に遭遇し、数々の苦難を経ながらモロッコから南米のパラグアイに渡り、かつてのインカ帝国の末裔《まつえい》の地エルドラドを通過して、スリナム（オランダ領ギアナ）にたどり着く。

　このスリナムでカンディードとカカンボ（カンディードがスペインのカディスから連れてきた従僕）は、一人の黒人奴隷と出会うことになる。「二人が町に近づくと、地べたに寝そべっているひとりの黒人［un nègre］に出会った。黒人は青色の半ズボンをはいているだけで、上半身は裸である。そして、かわいそうに左足と右手がない[32]」。カンディードが「オランダ語で」黒人にそのわけを尋ねると、彼は次のように答えた。

> 年に二回、こういう半ズボンが一着支給されますが、私たちが着るものはこれだけ。砂糖を作る工場［sucreries］で働いていて、機械に指がはさまれると、壊疽《えそ》にかかって手が切り落とされます。逃げようとすると、罰として足が切り落とされます。私はその両方をやられました。ヨーロッパのかたがたは、私たちがこういう目にあうおかげで砂糖が食べられるわけです。（中略）私たち奴隷に比べれば、犬や猿やオウムのほうがはるかに幸せだ。私を改宗させたオランダの牧師は、日曜日ごとに、私たちは白人も黒人も［blancs et noirs］

みんなアダムの子だと言う。私は自分の血筋など、さっぱりわからないが、もしあの説教師の言うことがほんとうなら、私たちはみんな兄弟ということになります。では、どうして、兄弟なのに相手をこんなひどい目にあわせたりできるのでしょう。旦那、どう思います。こういうことがあっていいものでしょうか。[33]

この説明を聞いたカンディードは、次のような反応を示す。ここが、この小説の一つの山場になる。リスボンの大地震や七年戦争の戦場の悲惨を目の当たりにしても信じ続けてきた「最善説」を、主人公がついに放棄する場面だからである。

「おお、パングロスよ」カンディードは叫んだ。「あんたは、この世界にこんなおぞましいことがあるのを見抜けなかった。ここでとどめを刺された。ぼくはあんたの最善説[optimisme]をついにここで捨てざるをえない」／「最善説って何ですか」カカンボが尋ねた。／「ああ、それはだねえ」カンディードは答えた。「すべてが最悪のときにも、これが最善だと言い張る執念のことだ」／そう言って、カンディードは黒人奴隷[son nègre]を見ながら涙を流すのだった。そして、泣きながらスリナムの町に入っていった。[34]

この場面の舞台となったスリナムは、南アメリカの北東海岸ギアナ地方に位置する。ギアナ地方には一七世紀以来オランダ人、イギリス人、フランス人が入植していたが、第二次英蘭戦争の結果一六六七年に結ばれたブレダ条約によって、オランダは北アメリカ北東部に建設していた入植地ニューアムステルダムをイギリスに譲渡する代わりに、スリナムの領有権を確保した。他方、譲渡されたニューアムステルダムは、イギリス領となってニューヨークと名を変えることになる。

なお、現在ではギアナ地方のうち、旧イギリス領ギアナ（ナポレオン戦争後にイギリスがオランダから獲得した西部地方）がガイアナ共和国、旧オランダ領スリナムがスリナム共和国として独立しているが、フランス領ギアナはそのままフランスの海外県ギアナ（ギュイヤンヌ）として残っている。

オランダ人は、スリナムで黒人奴隷を使って砂糖きびプランテーションを経営し、砂糖精製工場を稼働させていた。その実態をヴォルテールは告発したのである。ただし、フランスも一七世紀後半以降、カリブ海のフランス領植民地サン＝ドマング（現ハイチ）に砂糖きびやコーヒーのプランテーションを建設して黒人奴隷を使役していた。しかしながら、ヴォルテールはそれには触れていない。そもそもカンディードはドイツ人で「オランダ語」も話すことができるという設定で、フランス人ではないのだから、サン＝ドマングが登場しないのは不自然ではないけれども。

この小説に登場するスリナムの黒人奴隷は、「砂糖を作る工場［sucreries］で働いていて、機械に指がはさまれる」経験について語っている。人類学者のシドニー・ミンツが指摘していることだが、この時代の砂糖きびプランテーションにおける奴隷労働は、栽培作物の畑作労働、砂糖の製造・加工労働、さらに奴隷主の邸宅とプランテーションの維持に関わる家内労働部門などの多様な労働が複合されたものであり、プランテーション自体が一八世紀末以降のヨーロッパに成立する「工場 factory」制度の「初期形態」というべきものだったのである。[35]

ヴォルテールのこの小説は、フランスで「禁書になったために本の評判が上がって、当時のベストセラーになった。『カンディード』は、出版された年だけでも二万部という、当時としては驚異的な売り上げを示した[36]」という。

ヴォルテールはその後もう一度、奴隷制に言及している。一七七一年に出版された著書『百科全書への疑問』に収録された小論「奴隷 Esclaves」である。これは、『百科全書』の項目論文「奴隷制」への批判を意図して書かれたもので、ヴォルテールの死後に出版された『全集』では、著書『哲学辞典』（初版一七六四年〜第五版一七六九年）への「追補」という形で収録されている。これについては、少し説明が必要だろう。

一七五一年に出版が開始されたドゥニ・ディドロ（一七一三〜一七八四）とジャン・ル・ロ

ン・ダランベール（一七一七～一七八三）の『百科全書』には、第五巻（一七五九年）に「奴隷制Esclavage」という項目が収録されている。執筆したのは医師で啓蒙思想家のルイ・ド・ジョクール（一七〇四～一七七九）で、彼は『百科全書』の項目のうちの約四分の一を執筆し、『百科全書』の完成に貢献した人物である。

六頁にわたるこの項目論文は、前半で古代のギリシアとローマ、そして古代ゲルマンの奴隷制について説明した後、後半ではモンテスキューの名を挙げて『法の精神』から引用しながら、主に「東洋Orient」の「政治的奴隷制」と「専制国家」についての議論を紹介していた。そして、「東洋」を念頭に置きながら、「力によって、暴力によって、そして一定の風土においては過度の隷属［servitude］によって設立された奴隷制は、この世界で永続することはできない」[37]、というのがジョクールの結論だった。しかし、彼はモンテスキューの「黒人奴隷制」論については一言も触れていない。

そのようなジョクールの「奴隷制」論に対して、ヴォルテールの項目論文「奴隷」は、『百科全書』が触れようとしなかった同時代のアメリカの奴隷制について次のように具体的に論及している。

回教徒［＝イスラム教徒］のアフリカ人とキリスト教徒のヨーロッパ人のあいだには海上で

出会う者すべてを劫略《ごうりやく》し奴隷とする習慣がつねに存続した。彼らはたがいに襲いかかる猛禽《もうきん》である。アルジェリア人、モロッコ人、チュニジア人は海賊として生きている。ロードス島の修道僧を継いだマルタ島の修道僧たちは彼らが出会うあらゆる回教徒を奪い鎖につなぐことを誓っている。［ローマ］教皇のガリー船はアフリカの北方海岸に進出してアルジェリア人を捕らえるか、あるいは捕らえられる。白人［blancs］と称する者がニグロ［nègres］を安く買いに出かけ、アメリカに高く転売するのである。ペンシルヴァニア人だけがこの恥知らずとみえた取引をほんの少し前からおごそかに断念している。[38]

ガリー船あるいはガレー船というのは、地中海を中心に使用された軍用船で、多数の櫂《かい》を奴隷や囚人にこがせて航行するものだった。奴隷を捕獲するにも奴隷が必要だったのである。このように「恥知らず」な黒人奴隷貿易に対する皮肉に続けて、ヴォルテールは、先に引用したモンテスキューの黒人奴隷制への言及とアジアの「政治的奴隷制」論を次のように全面的に批判している。

『法の精神』の著者はモリエールばりの筆致でニグロの奴隷制［l'esclavage des Nègres］を描いた後につぎのように主張している。／「ペリー氏は言った、モスクワ人はたやすく自分の身を売る、と。私にはその理由がよくわかる、それは彼らの自由がなんの価値もないということである。」／一七一四年に『ロシアの現状』〔『大ロシアの状態』〕を書いたイギリス人ジーン・ペリー隊長は、『法の精神』の著者が彼に言わせていることについては一言も述べていない。ペリー氏の書物の中にはロシアの奴隷制に関しては数行しかないのだ。それはつぎのとおりである。「皇帝の命令によって、将来いかなる人も皇帝のゴールプ〔golup〕あるいは奴隷と称することなく、ただ臣下という意味のラープ〔raab〕と称することになった。この民族がそこからなんらの実質的利益も引き出さなかったことは真実である。なぜならば、彼らはいまでも実際に奴隷だからである。」／『法の精神』の著者はつけ加える、「ウィリアム・ダンピアの物語によれば、アキムの王国では誰も身を売りたがっている」と。それは奇妙な交易であろう。『ダンピアの旅行』の中にはそんな考えに近いものは見られなかった。あのように才気ある人がこんなことをやるなんて、しかもこれほど何回も誤った引用をするなんて、残念なことである。[39]

こうしてヴォルテールは、モンテスキューの「アジア的専制国家＝政治的奴隷制」論を実証的根拠のない議論として否定し、それに対して、「白人」がアフリカの海岸で「ニグロ」を安く買い込んでアメリカに「高く転売する」という、大西洋の三角貿易の一端を明確に認識したうえで、そのような同時代認識がモンテスキューや『百科全書』の執筆者に欠落していることを、明確に批判してみせたのである。

第二章　奴隷労働の経済学——アダム・スミス

1　奴隷貿易の自由化

フランスの啓蒙思想家たちが奴隷制と政治的自由について論じ始めた頃、イギリスでは、すでに奴隷制と自由をめぐる別の意味での論争が行われていた。それが、奴隷貿易の「自由化」をめぐる論争だった。イギリス領カリブ海植民地では一七世紀後半に奴隷の輸入が急増したこと、そして「自由主義者」であるロック自身が「王立アフリカ貿易商人会社」に出資していたことは、前章の第1節で見た通りである。

その「王立アフリカ貿易商人会社 Company of Royal Adventurers Trading to Africa」は一六六〇年に設立された勅許会社で、当初の目的はアフリカ西海岸沿いの交易を独占し、特に金を手に入れることにあったが、一六六三年に奴隷貿易が目的に加えられ、さらに一六七二年には「王立アフリカ会社 Royal African Company」という名前で再編されて、それ以後のイギリスの奴隷貿易を独占する存在となった。それに対して、最初はブリストル、後にはリヴァプールの貿易商人が奴隷貿易の「自由化」を要求し、彼らの運動の結果、一六九八年には王立アフリカ会社の独占は廃止されることになる。[1] それでも、一八世紀半ばにいたるまで、王立アフリカ会社が奴隷貿易の重要な担い手であることに変わりはなかった。

この奴隷貿易を重要な一辺として構成されていたのが、イギリスとアフリカとアメリカを結ぶ大西洋三角貿易である。エリック・ウィリアムズの明快な説明を引用しておこう。「三角貿易は、これによってイギリスの産業に三重の刺激を与えた。黒人［the Negroes］はイギリスの製造品によって購入され、プランテーションに輸送された。彼らは砂糖、綿花、インディゴ、砂糖きび等の熱帯産物を作り、これらの産物を製品化する過程でイギリスに新たな産業が興った。一方、黒人とその主人の生活維持品購入のために、プランテーションはイギリスの産業、ニューイングランドの農業、ニューファンドランドの漁業にとって新たな市場となった。一七五〇年までにはイングランドではなんらかの点で三角貿易、または植民地との直接貿易とは無関係の貿易都市や製造業都市はほとんどなかった。これらによって得られた利潤は産業革命の資金を調達することになる、イングランドにおける資本蓄積の本流の一つとなった」[2]。

このような状況の中で、奴隷貿易の独占を廃止されて民間業者との自由競争にさらされることになった王立アフリカ会社の立場から、改めて奴隷貿易における会社の重要性を強調したのが、王立アフリカ会社に勤めるマラカイ・ポスルスウェイト（一七〇七頃〜一七六七）だった。彼は一七四五年に出版した小冊子『アフリカ貿易――アメリカの英領プランテーション貿易の偉大な支柱』で、フランスとオランダを「われわれの危険な競争相手」と名指ししたうえで、奴隷貿易を「自由化」して同社の独占特権を廃止したイギリスの国家政策を、次のように批判している。

それだから、われわれのアフリカ貿易は過去何年にもわたって無視され、衰退するままに放置されてきた一方で、われわれの敵がアフリカの基礎〔foundation〕の上に立ったアメリカの商業と海軍力という壮大な上部構造〔a magnificent superstructure〕を打ち立てていることは、怪しむべきことではないだろうか?(中略)プランテーションとアフリカ貿易との必然的な結びつきと相互依存を考慮すれば、また一方は他方なしには存続できないことを考慮すれば、フランスの一般原則がいかに強力で明白かをわれわれは知ることになる。[3]

アフリカという「基礎=土台」の上にそびえ立つ、アメリカ植民地の繁栄という「上部構造」。社会の構造を「基礎=土台」と「上部構造」という建築用語を使って説明する、という修辞法は、一七世紀のイングランド革命(いわゆるピューリタン革命)における革命政府の一員だったジェームズ・ハリントン(一六一一~一六七七)の著書『オシアナ共和国』(一六五六年)にも見られたもので、ポスルスウェイト以後では、まもなくアダム・ファーガスン(一七二三~一八一六)が『市民社会史論』(一七六七年)で使用することになる。「土台/上部構造」論と言えばマルクスの『経済学批判』序言(一八五九年)が有名だが、社会をまさに「構造」として考える場合に、建築に比喩を求めるというのは、けっして珍しい発想ではない。[4]この場合、アフリカが「基礎＝土台」だというのは、黒人奴隷制なしにはプランテーションは成り立たない、ということである。ポスルスウェイトはこう続けている。

しかし、われわれブリテン人の植民地でもフランス人の植民地でも同様に、植民というビジネスはアフリカから輸入された黒人［negroes］の労働によって遂行されているということは、周知のことではないだろうか？[5]

ポスルスウェイトは「黒人の労働」という言葉を多用していて、巧妙にも「奴隷」という言葉を使わないようにしているが、「黒人貿易 Negroe Trade」という言葉は使っている。つまり、黒人が売買される「商品」であることは当然の前提なのである。

しかし、もし黒人貿易全体がわれわれのライバルの手中に陥り、われわれの植民地が白人［white men］の労働に依存して彼らに場所を提供することにでもなれば、植民地はまもなく破滅することになるか、あるいは、イングランドの王冠への依存を揺り動かされることになるだろう。[6]

オランダとフランスによってイギリスの黒人貿易が壊滅する、という事態が、どのような根拠によって実際にありうることだと想定されているのかは、よくわからない。しかし、「植民地が白人の労働に依存する」ようになれば「植民地は破滅する」というのは、黒人奴隷制が、したがって黒人奴隷貿易が、どれほど必要かということを強調するためのレトリックだと見ていいだろう。

すでに奴隷貿易が「自由化」されてブリストルやリヴァプールの貿易商人が奴隷貿易に参入しているこの段階では、ポスルスウェイトはもちろん歯車を逆転させて「自由化」の撤回を要求することはしない。「アフリカとの貿易は英国国王陛下の臣民すべてに対して自由で開かれつづけているべきだ」[7]ということは認めている。そのうえで、彼がこの小冊子で要求するのは、フランスやオランダに負けないように、再び国策として王立アフリカ会社を支援すること、具体的に言えば、これまでの王立アフリカ会社の支出に見合うだけの財政支援を行うことや、会社の城砦《じょうさい》や入植地の維持費用を国家が支援することである。[8]そして最後に、彼は次のように結論づけている。

黒人の労働によって、われわれのアメリカ植民地がわが王国にどれほどの利益を与えているかについては、通商植民委員会の委員諸氏によって明白にされてきた。それには疑いの余地がないが、しかし、彼らはアフリカ貿易の性質と重要性に関する必要なすべての情報を持っているのだから、彼らの報告書が下院に提出されることが望まれる。その報告書は、〔王立アフリカ〕会社の側がこの貿易を効果的に支えられるようにすることがどうしても必要だということを、きわめて十分に、特別に明らかにするだろう。このアフリカ貿易について、会社はこれまで、彼ら自身がわれわれのプランテーション貿易全体の最大の支柱をなしていると説明してきたのだ。[9]

ポスルスウェイトは、一七四五年の時点では、このように奴隷貿易に関してイギリスがフランスやオランダに後れを取って十分な数の黒人奴隷を供給できなくなる恐れを強調し、「植民地が白人の労働に依存する」ことになれば「植民地はまもなく破滅することになる」と断言していた。しかし、彼はその後少し考えを改めたように思われる。

ポスルスウェイトは、一七五一年と五四年に『貿易商業総合事典』を二冊本で出版した。これは一七二三年から出版が開始されたフランスのジャック・サヴァリ・デ・ブルーオン編『商業総合事典 Dictionnaire universel de commerce』を翻訳したものだったが、好評を博して一七五七年に第二版が出た後、一七六六年には独自に大幅な増補改訂を施した第三版、一七七四年には第四版と、版を重ねた。
この事典の第一巻に収録された「アメリカ」という項目には、次のような記述がある。引用したのは一七七四年の第四版だが、不思議なことにこの事典には頁数が記されていない。項目「アメリカ America」の四頁目右欄の文章である。

アメリカ、もっと限定すれば［カリブ海の］島々は、アフリカに大いに依存しているのであって、アフリカは、その島々のすばらしいプランテーションで奴隷制［slavery］を行うために、そこに関係するいくつかの強国に黒人［negroes］を供給している。スペイン人とポルトガル人に対しては、黒人［Blacks］は彼らの金、銀、ダイヤモンドの鉱山で特に役に立つ。イギリス人とフランス人に対しては、彼らの砂糖、タバコ、米、インディゴ等々の生産に役立つ。そして、その島々では特に、ヨーロッパ人はその労働に耐えることができず、黒人［negroes］が経験させられるのと同じ気候の中では、疲れ果ててしまうと言われてきた。（中略）もしヨーロッパ人が黒人と同じように地道に生きることを義務づけられたとしたら、ヨーロッパ人も、黒人がいくつかのプランテーション、特にフランスの砂糖植民地で行っている本当の奴隷制［the real slavery］に耐えることができるようになったかもしれない。フランスの砂糖植民地では、フランス人たちは植民地をできるかぎり急速に興隆させるために、黒人奴隷〔negroe slaves〕に課す苦痛をまったく考慮しないのである。[10]

ここでポスルスウェイトは、ヨーロッパ人はプランテーションでの苛酷な労働に耐えることができないという「通説」を批判して、ヨーロッパ人を使役する「奴隷制」の可能性についても言及しているが、その個所は仮定法過去で書かれている。現実には、やはり黒人奴隷こそが「役に立つ useful」労働力だったのである。このように見てくれば、奴隷貿易の「自由化」を要求してそれに参入してきた貿易商人たちにしても、それに対して「王立アフリカ会社」の役割を強調する側にしても、植民地経営に関する黒人奴隷制の経済的必要性については異論の余地はなかった、と言うことができるだろう。

このポスルスウェイトの『貿易商業総合事典』の第三版（一七六六年）が、アダム・スミス（一七二三〜一七九〇）の蔵書の中に残されている。[11] このような当時の黒人奴隷制必要論に対して経済学的視点から異議を唱えたのが、スミスの『国富論』（一七七六年）だった。

2　スミスとヴォルテール

その『国富論』を書く前に、スミスがグラスゴウ大学の道徳哲学の教授としてはじめて出版した著書が、一七五九年の『道徳感情論』である。偶然にもヴォルテールの『カンディード』と同じ年に出版されたこの著書の中で、スミスは合わせて七回ヴォルテールの名前を挙げており、一七四七年の歴史劇『オルレアンの処女[12]』や一七五五年の「ヴォルテールの美しい悲劇『シナの孤児[13]』」などの作品にも言及している。

そのことからもわかるように、スミスはヴォルテールのファンであり、一七四八〜五〇年に出版された『ヴォルテール著作集』全九巻を所蔵していたし、その後も一七八四〜八五年の『ヴォルテール全集』全六九巻にいたるまで、ヴォルテールの著作はほぼすべて購入していた。[14]

そして、『カンディード』と同じ年に出版されたこの『道徳感情論』初版の中で、スミスも黒人奴隷制について批判的に言及している。第五部第二編「道徳的諸感情にたいする慣習と流行の影響について」の中で、スミスは「徳性」に関する一種の文化的相対主義を展開し、「すべての野蛮人［savage］は、一種のスパルタ的訓練をうけるのであり、かれの境遇の必然性によって、あらゆる種類の苦難に慣れている[15]」ことを論じている。その話はこう続く。

死と拷問にたいするこれとおなじ軽蔑は、他のすべての未開国民［savage nations］のあいだで支配的である。アフリカの海岸からきた黒人［a negro］で、この点において、かれの貪欲な主人の魂がほとんど考えることができない程度の、度量をもっていないものはひとりもないのである。それらの英雄からなる諸国民をヨーロッパの牢獄《ろうごく》の屑《くず》たちに従属させたときよりも残酷に、運命の女神が人類にたいする彼女の支配を行使したことは、けっしてない。すなわち、かれらがでてきた国々の諸徳もかれらがいく国々の諸徳ももたないいつまらぬ人びと、そしてその移り気、残虐性、いやしさが、そのように正当にもかれらを敗北者たちの軽蔑にさらした、そういう人びとに従属させたときである。[16]

スミスはこのように「アフリカの海岸からきた黒人」を、ヨーロッパ人よりも大きな「度量」をもった「英雄」的な民族であり、彼らを所有して使役する「貪欲な主人」よりも「徳性」においてはるかに高貴な存在として描いている。その意味では、スミスの描く「黒人」は、アメリカ先住民などと並んで、いわゆる「高貴な野蛮人」の一員なのである。

それに対して、黒人奴隷の所有者の側は、「牢獄の屑たち」「諸徳ももたないつまらぬ人びと」であり、その特徴は「移り気、残虐性、いやしさ」だとされる。つまり、スミスはここで、ヴォルテールと同じように、黒人奴隷制を道徳的見地から批判しているのである。

スミスはこの『道徳感情論』を一七九〇年の第六版にいたるまで改訂し続けたが、黒人奴隷制に言及したこの個所はそのまま維持された。逆に、第六版では、「奴隷にされてしまった英雄」という悲劇的人物像に、古代のギリシア人が付け加えられた。スミスは、紀元前五世紀のペロポネソス戦争以後、ギリシアの共和国間での戦争が、敗北した敵を「なによりもいやしい状態すなわち家内奴隷の状態」に引き下げたことを指摘した後、次のように続けている。

アメリカの未開人が、自分の死にのぞんで歌う歌を用意し、自分がその敵の手中におちてしまって、かれらによって、もっともながびく拷問のなかで、すべての見物人の侮辱と嘲笑のまっただなかで、殺されるときに、いかに行為すべきかを考慮しているように、ギリシアの愛国者または英雄はしばしば、かれの思考を、追放において捕囚において、奴隷にされたときに［when reduced to slavery］、拷問にかけられたときに、処刑台につれてこられたときに、かれがこうむるべきこととなすべきことの双方についての考察に、使用するのをさけることができなかった。[17]

スミスがこのように「アフリカの海岸からきた黒人」をアメリカ先住民や古代ギリシアの

「愛国者または英雄」と肩を並べる高貴な存在として描いたことに対して、反論を試みた人物がいた。アメリカのヴァージニア植民地出身のアーサー・リー（一七四〇～一七九二）である。イアン・ロスの『アダム・スミス伝』（一九九五年）によれば、「彼は一七六四年にエディンバラで医学博士の学位を取り、グラスゴウでスミスといっしょに一日を過ごしたことがある。彼はどうしてもスミスに反論したくなり、『アメリカ植民地擁護論』（ロンドン、一七六四年）という本のなかで、アメリカ・インディアンとアフリカ人とを高貴な未開人として賛美する『道徳感情論』の見解を拒否し、同時に、アメリカの奴隷主を、残酷であるという非難から免れさせた[18]」。

リーの本というのは、正確には『「道徳感情論」でのアダム・スミス氏の非難に対するアメリカ大陸植民地擁護論』と題された小冊子で、一七六四年にロンドンで自費出版された。ただし、匿名の著書で、著者名は「アメリカ人 an American」となっている。

題名が「アメリカ大陸植民地 the continental colonies of America」の擁護論となっているのは、アメリカ大陸のイギリス人植民地の奴隷制は西インド諸島の奴隷制とは異なる、ということを強調するためである。著者は、「フランス、スペイン、ポルトガル人の入植地の奴隷は、われわれの植民地の奴隷より厳しく取り扱われているとしても、より良い取り扱いを受けてはいない[19]」こと、「西インド諸島では、奴隷はひじょうに苛酷な労働に耐えている[20]」ことを認める一方で、「われわれの大陸植民地」ではそうではない、と主張するのである。

そのうえで著者は、先ほど引用した『道徳感情論』の一〇行足らずの文章の一字一句に対して、次のように反論を試みている。第一の反論は、スミスの著書で「賞賛と共感の対象となっているアフリカ人奴隷」は、「ひじょうに抜け目のない詐欺師に相応《ふさわ》しいほど」の人間で、「彼らは嘘《うそ》をつく傾向があり、どんな場合にもこの能力を行使するほどである」[21]という人種差別的な人格批判であり、第二の反論は、スミスが「これまで誰も口にしたことがないほどの辛辣な悪口の対象」とした「ヴァージニア、メリーランド、カロライナ」の「住民の性格は、ジェントルマンによって与えられたものであって、その誠実さと知識には疑問の余地はない」[22]ということだった。

さらに、スコットランドに留学したヴァージニア人であるリーは、次のような興味深い感想を記している。少し長いが、そのまま引用してみることにしよう。


ここ［アメリカ植民地］の黒人奴隷がひじょうに野蛮な取り扱いを受けているということが一般的な信条になっていることは、私も知っている。（中略）この信条が、スミス氏の場合にもそうだったと思われるように、判断力のある人にどれほど影響を与えてきたのか、ということが、私には本当に想像もつかない。私はスコットランドとアイルランドのたいていの場所を旅行したので間違いなく断言できるが、これらの国の農民〔peasants〕の状態と比較すれば、黒人の住居は宮殿であり、彼らの生活は豪華なものである。正直に告白するが、高貴な心の持ち主にとって、まさに奴隷制という観念には言語に絶した悲惨さがある。しかし、この観念を抜き取れば、これらの奴隷の状態は、スコットランドやアイルランドの一般大衆〔vulgar〕の状態よりもはるかに幸せなものなのである。[23]

リーはここで、アメリカ植民地における黒人奴隷の物質的な生活条件だけを取り上げて、それをスコットランドやアイルランドの農民よりも「はるかに幸せなもの」だと主張するのだが、彼はこの小冊子で人間の「自由」については一言も触れていない。このようなきわめて主観的で人種差別的な反論に、スミスが心を動かされることはなかっただろうし、まして一般の読者が納得することもなかっただろう。そもそもスミスがこのリーの小冊子を読んだのかどうかもわからない。リーの訪問を受けた後、一七六四年から一七六六年にかけて、スミスはグラスゴウ大学を辞職して、第三代バックルー公爵ヘンリー・スコット（一七四六〜一八一二）の「旅行付き添い家庭教師 travelling tutor」としてフランスとスイスを訪問しているからである。

そして、このフランス訪問に際しては、スミスは、かねてから「フランスがこれまでに生みだした人物のうちでおそらく最も広く諸文芸に通じた天才」[24]と評価していたヴォルテールとジュネーヴに近いフェルネーで数回会見することになる。ロスの『アダム・スミス伝』によれば、特に「一七六五年の後半にスミスがフェルネーを訪れたとき、彼はジャン・カラスの悲運について ヴォルテールと議論したかもしれない。ヴォルテールはその『寛容論』(一七六二年)の冒頭で狂信のこの恐ろしい物語を詳述していたのである。スミスは『道徳感情論』の最終版〔一七九〇年〕でカラスの最後の言葉を導入し、不当な処罰のゆえに自分の追憶に付与されうる汚名に対して、無実の人が感じる義憤を例証している」[25]。

「カラスの悲運」というのは、南フランスのプロテスタントの商人ジャン・カラスをめぐる誤審裁判を指す。一七六一年、カトリックに改宗した息子が自殺体で発見されたにもかかわらず、父親のカラスが殺人罪に問われて死刑に処せられた事件である。無罪を確信したヴォルテールは再審を訴えていた。

このカラス事件だけではなく、私たちは、アメリカやカリブ海植民地における黒人奴隷制についてスミスとヴォルテールが語り合った可能性を想像してみることもできる。おそらく二人は、いろいろな論点で同志的な絆《きずな》を確認することになっただろう。

このような『道徳感情論』における黒人奴隷制に対する道徳的批判は、その言及部分の短さにもかかわらず、大きな注目を浴びたように思われる。一八世紀末以降イギリスにおける奴隷貿易反対運動の指導者となったトマス・クラークスン(一七六〇～一八四六)は、奴隷貿易が廃止された一八〇七年の翌年に出版した主著『アフリカ人奴隷貿易廃止の歴史』（全二巻）の第一巻で、スミスの影響について、『道徳感情論』を引用しながら次のように証言している。

アダム・スミス博士は、彼の『道徳感情論』の中で、一七五九年というひじょうに早い時期に、次のようにアフリカ人たちにその名誉を高める光を当て、そして彼らの圧制者たちをその品位を下げる光にさらした。［ここに、五五頁で示した『道徳感情論』からの引用が続く］そして今、一七七六年に、彼は『国富論』において、力強い仕方で（というのは、彼は関係者の利益に訴えたので）アフリカ人の労働が高価であること、すなわち、奴隷を使役することが得策でないことを示した。[26]

この文章が示唆しているように、奴隷貿易の廃止に対するスミスの影響力は、『道徳感情論』における道徳的批判よりも、むしろ『国富論』における〈奴隷制の経済学〉の方が圧倒的に大きかったように思われる。スミスが『国富論』で展開した〈奴隷制の経済学〉は、「奴隷制は安くつく」という同時代の常識を真っ向から否定するものであり、奴隷所有者の道徳的意識ではなく、その経済的な利害関心に訴えるものだったからである。私たちも改めて『国富論』を読み直さなければならない。

3　奴隷労働の費用対効果

スミスが『国富論』でまず指摘したのは、「奴隷労働は白人奉公人の労働よりも安上がりだ」というそれまでの植民地経営の常識を覆すことだった。『国富論』第一編第八章「労働の賃金について」で、彼はこう論じている。

奴隷の消耗［wear and tear of a slave］は主人の経費負担となるが、自由な使用人［a free servant］の消耗は本人自身の負担になるといわれてきた。しかし、後者の消耗も、実際には、前者の消耗と同じように、主人の負担となるのである。（中略）しかし自由な使用人の消耗も同じく主人の負担になるにしても、それは一般に主人にとっての奴隷の消耗よりもはるかに少なくてすむ。奴隷の消耗を補充または修復――といっていいなら――するのにあてられる原資は、一般に怠慢な主人あるいは不注意な監督者によって運用されるのがふつうである。自由人について同じ役目をはたすのにあてられる原資は、自由人自身によって運用される。富者の経済を支配するのがふつうな乱脈は、自然に奴隷の管理にもはいりこむ。貧者のきびしい質素と節倹への配慮とは、自然に自由人の経済にもあらわれる。

そのような異なる管理のもとでは、目的は同じでもその実行に要する費用の程度はきわめて異なったものとならざるをえない。したがって、自由人によってなされる仕事のほうが、奴隷によってなされる仕事よりも結局は安くつくということは、あらゆる時代、あらゆる国民の経験から明らかだと私は信じる。ふつうの労働の賃金があれほど高いボストン、ニューヨーク、フィラデルフィアでさえもそうであることがわかっている。[27]

スミスはここで「奴隷」と「自由な使用人」とを比較しているが、この時代に「使用人servant」と呼ばれたのは、貴族などの屋敷で働く家事使用人も含むけれども、圧倒的に多いのは「男子を主体とする農業サーヴァント servant in husbandry」であって、「かれらの特徴は、年齢が若く、独身で、住み込みであること、年雇用であることなど」だった。[28]つまりは、一年単位での雇用契約で働く労働者である。

この文章でスミスが指摘しているのは、奴隷の「消耗に関わる経費負担」、つまり奴隷労働の維持管理に要するコストは、ある程度の自己管理ができる「自由な」労働者のそれよりも「高くつく」ということである。その結果として、「自由人によってなされる仕事のほうが、奴隷によってなされる仕事よりも結局は安くつく」ことになる、とスミスは主張する。その具体例として、「ボストン、ニューヨーク、フィラデルフィア」という地名を挙げていることは重要である。奴隷労働が「高くつく」ことを説得する相手としてスミスが想定したのは、まずはアメリカ大陸植民地の奴隷所有者だった、ということがここからわかるからだ。

奴隷労働が「高くつく」ことを説明する論理は、もう一つある。スミスは、『国富論』第三編第二章「ローマ帝国没落後のヨーロッパの旧状での農業の阻害について」で、次のように述べている。

すべての時代、すべての国民の経験は、奴隷による仕事が、一見彼らの生活資料しかかからないようでも、結局はもっとも高くつくことを示していると私は思う。財産［property］を取得できない人は、できるだけ多く食い、できるだけ少なく労働すること以外に、利害関心をもちえない。奴隷自身の生活資料を購買するのに足りるだけの量以上の仕事は、暴力によって彼からしぼりとることしかできないのであって、彼自身の利害関心によってではない。[29]

奴隷は、どれだけ働いてもその結果としての「財産を取得できない人」なので、まじめに労働することに対する「やる気＝インセンティヴ」も「動機づけ＝モチベーション」もない、ということである。ここでは奴隷と「自由な」労働者との比較はなされていないが、スミスが述べていることを逆に言えば、奴隷と違って「自由な」労働者は「財産を取得できる」人、あるいは、少なくとも頑張れば自分も「財産を取得できる」と思っている人なので、「できるだけ多く労働する」ことに「利害関心」をもっている、ということになる。

したがって、以上の二つの論理をまとめて言えば、スミスは、奴隷労働は「費用対効果＝コストパフォーマンス」という点で「自由な労働」に劣るものであり、結果として「自由な」労働者を雇用する方が「結局は安くつく」と主張していることになる。

しかしながら、本当にそうなのだとしたら、目先の経済的利益に敏感なはずの奴隷所有者が、なぜ奴隷に代えて「自由な」労働者を雇用しようとしないのか、という疑問が生じる。この問題についても、スミスは第三編第二章で具体的な考察を加えている。

人間は、自尊心があるために、いばることを好む。したがって目下の者を説得するためにへりくだらざるをえないことほど、人に屈辱感を与えるものはない。したがって、法律が許し、仕事の性質上可能でさえあれば、人は一般に自由人よりは奴隷をつかうほうを好むだろう。砂糖きびやタバコの栽培は、奴隷による耕作の経費をまかなうことができる。穀物の生産は、現代では、それができないように思われる。穀物を主産物とするイングランド領植民地では、仕事の圧倒的大部分は自由人によって行われている。ペンシルヴェニアのクエイカー教徒たちの、すべての黒人奴隷を解放するという最近の決議は、黒人奴隷の数があまり多いものではありえないということをわれわれに納得させよう。もし黒人奴隷が彼らの財産のかなりの部分であるなら、そのような決議はけっして賛成を得られなかっただろう。これとは反対に、われわれの砂糖植民地では、すべての仕事は奴隷によって行われており、われわれのタバコ植民地では、仕事のひじょうに大きな部分がそうである。われわれの西インド植民地のどこでも、砂糖農園〔sugar-plantation〕の利潤は、一般に、ヨーロッパやアメリカで知られている他のどんな耕作よりもはるかに大きい。またタバコ農園の利潤は、砂糖の利潤よりは劣るとはいえ、すでに述べたとおり、穀物の利潤よりもまさっている。どちらも奴隷耕作〔slave-cultivation〕の経費をまかなうことができるが、砂糖はタバコにさらにまさるのである。したがってわが国のタバコ植民地よりも砂糖植民地のほうが、白人に比しての黒人の数は、はるかに大きいのである。[30]

奴隷解放を阻んでいる第一の問題は、したがって、プランテーション経営の利潤率の高さなのである。砂糖きびプランテーションでは、自由な労働者よりも「高くつく」はずの奴隷を使っていても、それでもその「経費をまかなうことができる」ほどの高い利潤を獲得することができる、というのである。しかも、砂糖きびプランテーションでは、農園主はすでに「財産」

としての奴隷を大量に所有しているので、黒人奴隷を解放することは大きな経済的損失になる、という理由が付け加わる。

興味深いのは、ペンシルヴェニアにおけるクエイカー教徒の奴隷解放決議への評価だろう。前章で見たように、ヴォルテールは論文「奴隷」の中で、彼らが奴隷貿易を「おごそかに断念している」という言い方で、宗教的（あるいは道徳的）理由を示唆していた。それに対して、スミスは、黒人奴隷の数が少なくて解放に伴う経済的損失が小さかったことがその理由だと推測している。ここでも、人間の経済的利益への関心を主要動機として考察する、彼の〈奴隷制の経済学〉は一貫しているのである。

なお、ペンシルヴェニアが北アメリカで最初の「奴隷制廃止法 An Act for the Gradual Abolition of Slavery」を可決するのはアメリカ独立戦争中の一七八〇年だが、独立宣言以前の一七六七年にすでにペンシルヴェニア植民地は「奴隷の輸入を禁止する決議」をしている。[31] ヴォルテールが言及しているのは、明らかにこの決議だと思われる。ただし、スミスの言う「すべての黒人奴隷を解放するという最近の決議」というのが『国富論』初版（一七七六年）執筆の時点で正確に何を指しているのかは、私には確認できなかった。しかし、いずれにしても、スミスがアメリカ植民地の黒人奴隷制に関する情報に注目し続けていたことは確かである。

以上のように、『国富論』のスミスは一貫して、黒人奴隷制よりも「自由な」労働者を雇用する方が、雇用主の利益という点で「結局は安くつく」ことを主張した。そして、奴隷制に対する道徳的批判よりも、このような経済の論理の方が、奴隷貿易廃止運動に対する大きな側面援助になったことは、クラークスンの証言で見た通りである。

この〈奴隷制の経済学〉の歴史的影響については、ウィリアムズも次のように述べている。

西インド諸島のプランターに対する攻撃は、奴隷制への攻撃以上のものだった。それは独占に対する攻撃だった。人道主義者だけでなく、資本家たちも彼らに敵対した。攻撃の理由は、西インド諸島の経済システムが道義的な悪であるだけではなく、それがまったく採算に合わない［unprofitable］ということでもあったので、後者の理由だけでもシステムの倒壊は避けられないものであった。（中略）この攻撃は三つの局面に分けられる。奴隷貿易に対する攻撃、奴隷制に対する攻撃、そして砂糖への優遇関税に対する攻撃である。奴隷貿易は一八〇七年に、奴隷制は一八三三年に、砂糖への優遇は一八四六年に廃止された。[32]

こうして、スミスの死後、〈奴隷制の経済学〉を受け入れた人びとの「攻撃」によって、イギリス領植民地における奴隷制は廃止された。

しかしながら、皮肉なことに、イギリスから独立したアメリカ合衆国では黒人奴隷制が維持されただけでなく、その後むしろ強化されていくことになる。それが、合衆国南部に新たに展開していく綿花プランテーションだった。そして、かつての奴隷貿易の主要な担い手だったリヴァプールは、産業革命以後、今度はアメリカからの綿花輸入の中心地として発展していく。ウィリアムズによれば、「一八〇二年、イギリスの輸入綿花の半分はリヴァプールを経由していた。一八一二年には三分の二、一八三三年には一〇分の九になった」[33]。この問題については、第四章で改めて論じることにしたい。

今ここで言えることは、アメリカ南部の黒人奴隷制は、ヴァージニア植民地のアーサー・リーが擁護したような、ジェントルマンによる温情主義的な「幸せな」奴隷制ではない、ということである。

しかし、一つ気になることがある。リーは、ヴァージニアの黒人奴隷の待遇は、スコットランドやアイルランドの農民よりも「はるかに幸せなもの」だと書いていた。それでは、スミスが黒人奴隷よりも「結局は安くつく」と断言した「自由な」労働者の置かれた状態は、いったいどういうものだったのだろう。

4 「労働貧民」としての「自由な」労働者

もう一度『国富論』に戻ることにしよう。スミスは、『国富論』の「序論」で、次のように自らの問題意識を提示している。

猟師や漁夫からなる未開民族のなかでも、働くことができる個人はすべて、多かれ少なかれ有用労働に従事して、自分自身、あるいは彼の家族または種族のうちで、狩猟や漁獲に赴くには高齢すぎたり、若すぎたり、病弱にすぎたりするような者を扶養することにつとめる。しかしながら、そのような民族は極度に貧しいために、彼らの幼児や高齢者や長びく病気にかかっている者を、ときには直接に殺害したり、ときには捨てておいて飢え死にさせたり、野獣に食われるままにする必要に、しばしば迫られるし、あるいはすくなくとも、その必要に迫られていると考える。これに反し、文明化し繁栄している民族のあいだでは、多数の人びとは全然労働しないのに、働く人びとの大部分よりも十倍、しばしば百倍もの労働の生産物を消費する。しかしその社会の労働全体の生産物がきわめて大量であるため、しばしばすべての人が豊富な供給を受けるし、最低最貧の職人［workman］ですら、質素かつ勤勉であれば、どんな未開人が獲得しうるよりも大きな割合の、生活必需品や便益品を享受することができる。[34]

ここでスミスが「文明化し繁栄している民族」の中の「働く人びとの大部分」と表現しているのが、「自由な」労働者としての「職人＝働く人」であることは言うまでもないだろう。そしてスミスは、彼らがイギリスの階級社会における「しばしば百倍もの」経済格差の底辺に位置していることを率直に認めている。その中でも、さらに「最低最貧の階層 the lowest and poorest order」にいる労働者がまずまずの生活を送るためには、「質素かつ勤勉であれば if he is frugal and industrious」という条件が必要であることも、率直に付け加えられている。言い換えれば、ちょっとでも贅沢《ぜいたく》をすれば、あるいは頑張って一生懸命に働くことができなければ、彼らの生活は一挙に悪化するかもしれない、ということである。

なぜそうなるのか。スミスは、このような経済格差を生み出す「文明社会」の階級的な構造を次のように説明している。

いったん貯《たくわ》えが個々人の手中に蓄積されてしまうと、彼らのうちのある者は自然にそれを勤勉な人びとを就業させるために使用するだろう。彼らがそれらの勤勉な人びとに原料と生活資料を供給するのは、それらの人びとの生産物を販売することによって（中略）利潤を得るためである。（中略）したがって職人が原料に付け加える価値は、この場合二つの部分に分解するのであって、その一つは彼らの賃金を支払い、もう一つは彼らの雇主が前払いした原料と賃金という貯え全部に対する利潤を支払うのである。[35]

スミスは「貯えstock」を手中に蓄積した人を「雇主employer」と表現しているが、彼らは一九世紀には「資本家」と呼ばれることになる。また、雇用されて賃金を受け取る「働く人workman」はここでは「職人」と訳されているが、彼らはもう独立の手工業職人ではないので、「労働者」と呼んでいいだろう。つまり、スミスはすでに、資本家が労働者を雇用して「商品」を生産させ、労働者が生産した「付加価値」の一部を賃金として支払い、残りの部分を利潤として獲得する、という資本主義的生産様式の仕組みを正確に認識しているのである。

しかも、そこで雇用されるのは、あくまでも「勤勉な人びとindustrious people」だと名指しされている。つまり、「質素と倹約」に努めて自分自身の「消耗の修復」を自己管理し、自分の労働によって「財産を取得できる」という希望をもって一生懸命に働こうとする労働者である。もし彼が「質素かつ勤勉」でなければ、そもそも職にありつくこともないだろう。

このような労働者と資本家の他に、この「文明社会」にはもう一つの階級が存在する。スミスによれば、「賃金と利潤と地代とは、すべての交換価値の本来の源泉であるとともに、すべての収入の三つの基本的な源泉でもある」[36]。賃金を受け取る労働者、利潤を受け取る資本家と並んで、地代を受け取る地主（貴族やジェントルマン、都市部の家主など）がいるのである。地代を支払うのは土地を借りている資本家や借家住まいの労働者なので、地代の出所は利潤や賃金になる。しかし、利潤も賃金も、そもそもの源泉は労働者が生み出した「付加価値」なのだから、最終的には、すべての階級の収入が労働者の労働に依存していることになる。この経済構造が、「しばしば百倍」もの経済格差を生み出す根本的原因なのである。

このような労働者の境遇について、スミスはさらに次のようにも述べている。

成員の圧倒的大部分が貧困でみじめであるような社会が繁栄し幸福であることは、たしかに、ありえない。そればかりか、国民全体に衣食住を供する人びとが、彼ら自身の労働の生産物のうち、自分たちが一応十分な衣食住を得るだけの分け前にあずかるというのは、公平［equity］ということにすぎない[37]。

たしかにその通りだろう。しかし、それでは、労働者が「幸福である」のは、どういう社会なのか。スミスは次のように続けている。

労働貧民すなわち民衆の大多数の状態がもっとも幸福でもっとも快適であるように思われるのは、社会が富を十分に獲得してしまったときよりも、むしろ富のいっそうの獲得にむけて前進しつつある進歩的状態においてであるということは、おそらく述べておくに値するだろう。労働貧民の状態は、社会が停滞状態にあるときはきびしく、衰退状態にあるときはみじめである。実際には、進歩的状態こそ社会のさまざまな階級のすべて［all the different orders of the society］にとって、楽しく心のあたたまる状態なのである。[38]

これは、驚くべき文章ではないだろうか。現代では、アメリカで使われ始めた〈working poor〉という言葉が、日本でもそのままカタカナ表記で「ワーキングプア」として使われている。一般には、フルタイムで働いていても生活保護水準にも満たないほどの収入しか得られずに、貧困から抜け出せない人びとを指して使われる。それによく似た言葉だが、スミスはここで「民衆の大多数」が「労働貧民 the labouring poor」であることを、当然の事実であるかのように、悪びれることなく認めているのである。

そして、社会が停滞しているか、衰退しているか、進歩しているかで彼らの状態は異なるのであり、進歩的状態が「もっとも幸福でもっとも快適」だというのだが、しかし、それは「労働貧民」の生活条件がそのときには他の状態よりは良いということであって、「貧民」が「貧民」ではなくなる、ということを意味しているわけではないのである。

「進歩的状態」というのは、現代用語で言い換えれば「経済成長」である。経済成長が続いている間は、「労働貧民」の生活も「楽しく心のあたたまる状態」になる、ということが、労働者にとっての慰めになるのだろうか。個々の労働者がどれほど一生懸命働いていたとしても、それとは関係なく、経済成長が止まれば、あるいはマイナス成長に陥れば、彼らの生活条件は「きびしく」あるいは「みじめ」なものになる、というのだから。

ここでの議論は、「労働貧民」が「一応十分な衣食住を得るだけの分け前にあずかる」ことができるかどうか、という問題に関わるものだった。つまり、消費者としての労働者に関わるものだった。しかし、スミスが指摘するのは、それだけではない。彼は、『国富論』第五編で次のように述べている。

> 分業が進むにつれて、労働によって生活する人びとの圧倒的大部分すなわち国民の大部分の仕事が、少数の、しばしば一つか二つの、きわめて単純な作業に限定されるようになる。（中略）彼自身の特定の職業での彼の腕前は、このようにして、彼の知的、社会的、軍事的な徳を犠牲にして獲得されるように思われる。だがこれこそ、政府がそれを防止するた

めにいくらか骨を折らないかぎり、改良され文明化したすべての社会で、労働貧民すなわち国民の大部分が必然的におちいるにちがいない状態なのである。[39]

ここでも「国民の大部分」は「労働貧民」だと認めたうえで、スミスは、単純作業の繰り返しに従事することの結果として、労働者の「知的、社会的、軍事的な徳」が犠牲になる、と明言している。つまり、知的能力や社交的なコミュニケーション能力の発達が阻害され、兵士としての精神的・肉体的能力も発揮できなくなる、というのである。したがって、「一般民衆の教育はおそらく、文明化した商業社会では、ある程度の身分や財産のある人びとの教育よりも、公共の配慮を必要とするだろう」[40]。

一八世紀のヨーロッパに存在する「文明化した商業社会」。そこでは、奴隷制よりも「結局は安くつく」生産様式が広がりつつあった。「自由な」労働者は「労働貧民」として社会を支えているのだが、彼らが「楽しく心あたたまる」生活を送ることができるのは、経済成長が継続する「進歩的状態」に限ってのことだった。前節で見たように、スミスが主張した〈奴隷制の経済学〉は、たしかにイギリス人による奴隷貿易の廃止やイギリス領植民地における奴隷制の廃止に一定の影響力を及ぼした。しかし、それは「自由な」労働者が「労働貧民」として生きるほかない社会を「文明社会」として肯定し追認する経済学でもあったのである。

第三章　奴隷制と正義——ヘーゲル

1　ヘーゲルとハイチ

第一章で、スーザン・バック＝モースのモンテスキュー批判を紹介した。その典拠である彼女の論文「ヘーゲルとハイチ」の本来のテーマは、一言でいえば、一八世紀末から一九世紀初頭にかけての植民地支配と奴隷制に支えられた資本主義世界システムという場の中で、ドイツの哲学者ゲオルク・ヴィルヘルム・フリードリヒ・ヘーゲル（一七七〇～一八三一）の「自由」をめぐる思考とハイチ革命の現実とを交錯させることであり、哲学研究の中でさまざまに解釈されてきたヘーゲルの『精神現象学』（一八〇七年）における「主人と奴隷の弁証法」を、これまでとは別の観点から読み直すことだった。

つまり、ヘーゲルが「主人と奴隷の弁証法」を叙述したときに念頭に置いていたのは、ハイチ島のフランス領植民地サン＝ドマングにおける黒人奴隷の革命（一七九一年の黒人奴隷の一斉蜂起に始まり一八〇六年のハイチ共和国独立にいたるハイチ革命）だった、というのが、第一論文の衝撃的結論だったのである。

この第一論文の内容を、著者自身が第二論文の中で次のように要約している。「そうした熱狂［革命の目撃という歴史的経験としての集合的熱狂］こそ、サン＝ドマングにおける革命に対する若きヘーゲルの反応の特徴であったというのが、本書第一部『ヘーゲルとハイチ』の主張である。ヘーゲルは報道を通した目撃者として（中略）、グローバルな展望を垣間見る《かいまみ》ることができた。ヘーゲルは普遍的な自由の実現こそが歴史の意味と構造そのものであると考えており、サン＝ドマングの奴隷たちの蜂起はヘーゲルにとってその普遍的自由の表われとして映った[1]」。

この引用からわかるように、バック＝モースの関心の中心はあくまでも『精神現象学』とハイチ革命の関連にある。彼女は、後期ヘーゲルの法哲学についても言及しているのだが、しかし、後期ヘーゲルの「奴隷制」論のもつ意味を十分に捉えているとは言えない。ここでは、バック＝モースの指摘を踏まえたうえで、彼女が考察した「自由と奴隷制」の関係を超える「奴隷制」についての認識――後にマルクスが正面から問題にすることになる認識――を後期ヘーゲルの思想の中に確認することにしたい。

まずはバック＝モースの問題提起の意味を確認することから始めよう。彼女が注目した『精神現象学』でヘーゲルが展開するのは、次のような論理である。人間精神の発展の過程で「自己意識」をもつにいたった人間は、相互承認を求めて他の「自己意識」との「生死を賭けた戦い」に入る。その理由をヘーゲルはこう説明する。

生命を賭けることによってしか自由は確証されえない。自己意識にとって、ただ生きること、生きてその日その日を暮らすことが大切なのではなく、浮かんでは消えていくような日々の暮らしのその核心をなす一貫したもの――純粋な自立性（自主性）――こそが大切だということも、生命を賭けることなしには確証されないのである。[2]

その「戦い」では、自らの命に執着しないで戦い抜いた方が「主人 Herr」となり、自らの命にこだわって負けた方が「奴隷 Knecht」となる。主人は奴隷を支配し、奴隷は主人に従属して労働に従事する。しかし、それは、奴隷が労働という人間的活動の主体となることを意味するのであり、そのことが新たな事態を引き起こす。

支配の過程で支配の本質がその目指すところと反対のものに転化したように、隷属の本質もそれが関係として実現されるなかで、一見そう見えるものとは反対のものに転化する。奴隷の意識は、自分へと押しもどされて自分のうちへ還《かえ》っていくとき、真の自主・自立性を獲得するのだ。[3]

その結果、奴隷は新たな主体として立ち上がる。

物を形成するなかで自分が自主・自立の存在であることが自覚され、こうして、自主・自立の過不足のない姿が意識にあらわれる。物の形は外界に打ち出されるが、といって、意識と別ものなのではなく、形こそが意識の自主・自立性の真の姿なのだ。かくして、一見他律的にしか見えない労働のなかでこそ、意識は、自分の力で自分を再発見するという主体的な力を発揮するのだ。[4]

ヘーゲルが言うのは、物を生産する労働を通して、奴隷の側に物を産み出す主体としての自覚が生まれる、ということである。この自分が生産しなければ、主人は物を食べることもできないのだ。こうして、実際には、自らは労働しないで奴隷の生産物を享受するだけの主人の方が、かえって奴隷に「依存＝従属」せざるをえない存在だということが明らかになる。それだけではない。奴隷自身がそのことに気づくことで「主体」としての立場が逆転するのである。

ここで「奴隷」と訳されている原語〈Knecht〉は、ドイツ語では一般に農家などでの「雇い人、使用人、作男」や貴族の家の「下男、召使い、下僕」などを意味する言葉で、昔から広く使われてきた。その意味では、前章で見た英語の〈servant〉に近いと言うことができるだろう。そのこともあって、この「弁証法」についてはこれまでさまざまに論じられてきたにもかかわらず、同時代のカリブ海やアメリカ大陸における「奴隷 Sklave」が連想されることはほとんどなかった。

それに対してバック＝モースは、ヘーゲルの伝記的記述からさまざまな状況証拠を探し集めて、ヘーゲルが定期購読していた雑誌「ミネルヴァ」の中に「ハイチ革命」についての報告があること、したがって彼がこの歴史的事件について知っていた可能性が高いことを明らかにした。つまり、ヘーゲルは「現実の主人に対する革命に成功した現実の奴隷について知っており、その同時代の文脈を意識して主と奴の弁証法を詳述した」[5]のではないか、ということである。その推論の過程には推理小説並みの面白さがあるが——著者自身が「『ヘーゲルとハイチ』はミステリー・ストーリーとして書かれている」[6]と述べている——その結論の当否についてはここでは論じない。それよりも重要なのは、啓蒙思想の歴史的背景についての彼女の指摘である。

すでに第一章で見たように、バック＝モースは「人種差別主義者」モンテスキューを厳しく批判し、それと対比させる形でヘーゲルを高く評価している。第一論文の実質的な結論部分は、次のようなものだった。

> ヘーゲルが現実の奴隷とその革命闘争について知っていたことは、疑いようがない。ヘーゲルは、おそらく彼の仕事のもっとも政治的な表現のなかで、ハイチのセンセーショナルな出来事を『精神現象学』の議論における要諦として用いたのである。カリブ海の奴隷た

ちの主人に対する革命が実際に起こり、成功したことは、承認の弁証法的論理が世界史の主題として、つまり自由の普遍的実現という物語として可視的になる瞬間である。(中略)理論と現実はこの歴史的瞬間にひとつになった。あるいはヘーゲルの言葉でいえば、理性的なもの——自由——が現実的になった。ここがヘーゲルの議論のオリジナリティを理解するための決定的論点である。そこにおいて哲学はアカデミックな理論の限界を飛び出して、世界史へのコメンタリーとなった。[7]

2 自己解放の絶対的権利

バック゠モースが強調する通り、ヘーゲルはその後一貫して奴隷制への反対論者、奴隷解放論者として発言を続けている。たとえば、一八一七年から翌年にかけてハイデルベルク大学で行った「自然法と国家学」講義で、ヘーゲルは次のように論じている。

たとえ私が奴隷[Sklave]に生まれて、主人に養育され教育されたとしても、そして私の両親や先祖がすべて奴隷であったとしても、私が欲し、「私は自由だ」という意識に到達すれば、その瞬間に私は自由になる。なぜなら、私の意志の〈人格そのもの〉と自由とは、私自身の、つまり私の〈人格そのもの〉の本質的な部分だからである。私がなんであるのかは、挙げて、私が〈人格そのもの〉となっていること以外にない。私の〈人格そのもの〉がもつこうした財産はすべて、同様に時効にもかからず制限もされないし、奴隷の占有者の「正当な原権」や「善意」は、その占有者になんの役にもたたない。[8]

つまり、人間は本質的に「自由」な存在なのであり、その自由が侵害されて「奴隷」とされることは人間の本質に反する、ということである。その根拠は、「私の最も独自の人格をなしている財産、つまり私の〈人格そのもの〉一般、意志の自由、人倫、宗教は、譲渡もできず時効にもかからない」[9]という「所有」論だった。私の「人格そのもの」はかけがえのない「私の所有」であり、他人に譲渡して他人の所有物（＝奴隷）にすることはできない、ということである。

一八一八年から翌年にかけて、ベルリン大学に移って最初の年度に行われた法哲学講義でも、ヘーゲルはこう述べている。

人間が自由となるということ、そのためには自由な世界が必要不可欠です。奴隷制が存在しないということは人倫的な要請です。この要請が実現されてのみ、人間があるべきであるところのものは、彼が我がものとするところの外的な世界として現れます。[10]

この発言を見れば、ヘーゲルが同時代の黒人奴隷制を念頭に置いて論じていることは明らかである。「奴隷制が存在しない」状態は今なお「実現される」べき課題だと理解しているからである。つまり、奴隷制は過去の存在ではなく、現に存在しているものとして問題にされているのである。それに続けて、彼は奴隷が主人に賠償を請求する権利についても述べている。

奴隷は自分が自由であると言うやいなや、その瞬間から自由です。そして彼の主人に対して何の補償の責ももってはいません。それどころか奴隷は主人に独立のための資金を要請できます。[11]

ただし、ハイデルベルク大学での講義でヘーゲルが強調したように、また『精神現象学』が示唆していたように、彼が想定しているのは、当事者である奴隷自身が「私は自由だ」という意識に到達することであり、そしてその「自由」の自覚に基づいて、奴隷自身が「主体的」に行動して自らを解放することなのである。一八一九年度のベルリン大学での講義では、ヘーゲルは「奴隷制についての論争、二律背反」について、次のように説明している。

人間は単に直接的に自由である限り、まだ自由ではありません。常に直接的に自由であるに過ぎない人間には、たとえ奴隷にされたとしても、その限りでは、いかなる不法も生じません。彼は単に自然的意志として存在しているだけです。奴隷制度の擁護者は皆、奴隷にされた者は自分自身では自由ではないということを論拠とします。人間が現実に自由であるかどうか、それはお互いに、一瞥《いちべつ》しただけでは分かりません。自由なものとして承認されるためには、私は私の現存在においても自由であることを示さなければなりません。（中略）何人をも奴隷として取り扱うべきではないという要請は全く正しい。しかし、同時に何人も自ら奴隷たるべからずという要請も妥当です。（中略）何人をも奴隷にしてはならないということは、法的な要請ではなくて、道徳的な要請です。法的な要求は、ただ自由が現存在において示される時にのみ自由にかかわるのであって、自由の現存在が示されないところではそうではありません。[12]

現に奴隷である人間は、自ら奴隷であることを拒否して、自分自身が「自由」の意識に到達していることを自分自身の行動によって示し、自らの「自由」が法的に保障されることを要求して実現しなければならない。自由を客観的なもの、社会的に制度化されたものにしなければならない。「自由の現存在を示す」とはそういうことである。それが、奴隷に対するヘーゲルの要求なのである。

一八二〇年に出版された『法の哲学』では、ヘーゲルは、さまざまな奴隷制の正当化論を「人間の概念」にふさわしくない主張だと一蹴する一方で、その逆に「奴隷制を絶対的に不正なもの〔Unrecht〕であるとする主張」もまた一面的だと批判する。[13] その理由を、ヘーゲルはこう説明する。「自由な精神が自由な精神であるのは、単なる概念、いい換えれば即自的なものとして自由なのではなく、この自己自身の形式主義、したがって直接的な自然的な現存在を廃棄して、自己にもっぱらそれ固有の現存在、つまり自由な現存在としての現存在を与えるところに成り立つのである[14]」。

一言で言い換えれば、「自由」は自ら勝ち取るものだ、ということである。その権利は誰にも否定できない。「奴隷が自らを解放する絶対的な権利をもつということ（中略）は、事柄の本性に根ざしたことである[15]」からである。

一八二一年度の法哲学講義でも、ヘーゲルはほぼ同じ説明を繰り返している。

奴隷制〔die Sklaverei〕は、自由の現実性に先立つ時間に属している。法以前の状態においては、奴隷制はまったく合法的でありうる。奴隷制はそれ自体で不法なもの〔etwas

Unrechtliches］だという表現は、無分別なものである。そこで言われているのは、奴隷制は人間の概念に反しているということであり、あるいは以前に規定されたように、人間はその概念に従えば当然そうであるべきものになっていないということである。しかし、客観的な法は概念においてだけでなく、対自的にも存在している。自己意識はその概念にしたがえばそうであるべきものでなければならず、ここにおいてはじめて客観的な法が始まるのである。だから、奴隷制はそれ自体で不法だ［unrechtlich］という場合、人はほとんど何も言っていないのに等しい。人間は即自的に自由でなければならないだけでなく、対自的にも自由でなければならない。人間が彼自身にとって自由でないならば、彼が即自的に自由であることだけでは不十分である。[16]

つまり、人間は自由であるべきだと考える（即自的自由）だけではだめなのであり、自覚的にかつ客観的現実において自由にならなければならない（対自的自由）のである。しかしながら、同時に彼はこうも述べる。

奴隷である人間は、自らを解放する絶対的な権利をもっており、それに対してはどんな契約も保持できない。人間が奴隷にされるということは、人間の理念に反しており、人間としての彼の現実性に反している。人間が恣意によって奴隷にされること、彼自身によってもそうされることは起こりうるが、そのような契約は無効である。[17]

人間が奴隷にされるという現実は存在する。それは「不正」であり「不法」である。自らを奴隷とするような契約も無効である。しかし、その現実を変えるのは、奴隷自身でなければならない。奴隷は、自らがもつ「絶対的な権利」を実際に行使しなければならないのである。それが、ヘーゲルの奴隷解放論だった。

3　奴隷解放への期待と幻滅

このように「奴隷が自らを解放する絶対的な権利」を主張する際に、ヘーゲルが念頭に置いていたのは、明らかにアメリカおよびカリブ海地域の黒人奴隷制である。一八一七年から一八二二年にいたるまでの法哲学講義では、彼は具体的な地名を挙げて論じることはなかったが、一八二四年度の法哲学講義では、西インド諸島の黒人奴隷制について、キリスト教との関連で次のように説明している。

キリスト教は奴隷制の原理と相容《あいい》れません。が、そんなことで奴隷制が正式に廃止されるわけはなく、キリスト者も奴隷をもつし、キリスト教会が奴隷制を廃止するのでもない。洗礼を受けても奴隷でなくなることはなく、そんな外面的な形では奴隷制はなくならない。奴隷制と相容れないキリスト教の精神が、歴史のなかで支配的な位置に立ったとき、はじめて、キリスト教世界で奴隷制が全面的に廃止されたのです。／西インド諸島でも、カトリック司祭たちは、洗礼を受けた黒人［Neger］が売られることに反対し、こうして、奴隷に洗礼を施し、キリスト教徒にしたら売買はできない、ということが法として公認されました。ポルトガルとスペインの植民地でははっきりそうなったが、イギリスの植民地はその点がいい加減です。[18]

ちなみに、西インド諸島のイギリス植民地に関して言えば、ヘーゲルが「その点がいい加減」だと発言してから約一〇年後に奴隷制そのものが廃止されることになる。イギリス領カリブ海植民地は、砂糖きびプランテーションにおける製糖業によって大西洋三角貿易の重要な一角をなした地域だが、すでに見たように、「奴隷貿易は一八〇七年に、奴隷制は一八三三年に、砂糖への優遇は一八四六年に廃止された[19]」。他方、イギリスから独立したアメリカ合衆国の南部では、一八六五年の南北戦争終結にいたるまで奴隷制が存続していたことは、改めて指摘するまでもないだろう。そのアメリカにおける奴隷制の現状については、ヘーゲルは同じ講義で次のように論じている。

時効にかからない権利として、たとえば、奴隷はいつでも奴隷状態から逃げだす絶対の権利をもっていて、奴隷制度が法律で正当だとされている場合でも、逃走の権利に時効などはない。奴隷には奴隷状態にとどまる義務はまったくなく、善意で奴隷を買い保持していた主人の補償をどうするかは、国家が考えることです。北アメリカでは、国家が、はじめは奴隷制度を法律によって正当化し、のちにその一部を廃止しましたが、奴隷を解放するに当たっては身代金を払いました。が、奴隷はいかなるときにも鎖を断ち切る権利をもち、たとえ奴隷にうまれ、先祖がみんな奴隷であっても、解放の権利に時効はありません。[20]

このように奴隷の「逃走の権利」と「解放の権利」の絶対性を一貫して明確に主張するヘーゲルだが、アフリカ系の「黒人」に対する態度は、実はモンテスキューが仮定法の形で述べた文章とそれほど変わらなかった。ヘーゲルの「黒人」観は、奴隷制に関する文脈で、しかも革命後のハイチに言及する形で表明されている。一八四五年の『ヘーゲル全集』版『エンチクロペディー』第三部「精神哲学」に収録された「口頭説明」（主材料の一つは一八二二年の講義録）

によれば、ヘーゲルはこう述べている。

黒人〔Neger〕は、なにかに関心をいだくことも利害に動かされることもない、素朴な幼少人種〔Kindernation〕です。だれかに売られても人のなすがままで、それが正しいことかどうかを反省することがありません。（中略）文明化する能力がないわけではなく、ときに最大限の感謝の気持ちとともにキリスト教を受けいれる。長い精神的隷従ののちにキリスト教によって自由を獲得できたのを、感激をもって語るだけでなく、ハイチでは、キリスト教の原理にもとづく国家を建設してもいます。しかし、かれらが文化への内的衝動を示すことはない。かれらの居住地を支配するのは、身の毛のよだつ専制政治であり、人びとは人格というものを感じることがありません。精神は内にこもってまどろみ、進歩することがない。凝縮された区別なきかたまりとしてあるアフリカ大陸にふさわしい精神といえます。[21]

このような発言から考えられるのは、おそらく『精神現象学』（一八〇七年）から一八二二年の「精神哲学」講義にいたる間にハイチ革命に関するヘーゲルの評価が変化した、ということである。

一七九一年八月の黒人奴隷の一斉蜂起に始まったフランス領サン＝ドマングの革命は、その年末までに、少なく見積もっても五万人の奴隷が合流するという「驚異的な規模」[22]のものだった。この蜂起によって、九月末までの二ヵ月間に「殺された白人は一〇〇〇人以上。放火された砂糖プランテーションは一六一、コーヒープランテーションは一二〇〇」と推定され、サン＝ドマング北部の奴隷制プランテーションの約六割に被害が出たという。[23]

その後の一〇年間に及ぶ反乱と混乱の後、元家事奴隷のトゥーサン・ルヴェルチュール（一七四三頃～一八〇三）が指導者となって一八〇一年にサン＝ドマングの憲法を制定し、自治政府を樹立するが、彼はフランスからの遠征軍との戦いの中で捕らわれ、フランスに連行されて一八〇三年に獄死する。その後を継いだジャン＝ジャック・デサリーヌ（一七五八～一八〇六）は、一八〇三年にフランス軍を破って一八〇四年にハイチの独立を宣言し、一八〇六年に奴隷制廃止を定めた共和国憲法を制定するが、彼もまた同年に暗殺されてしまう。その後、ハイチ島は南部のハイチ共和国と北部のハイチ王国、さらに東部のスペイン領サント・ドミンゴに分裂した状態が続くが、共和国の大統領護衛隊司令官だったジャン・ピエール・ボワイエ（一七七六～一八五〇）が権力を掌握して一八二二年に全島を併合し、ハイチから分離独立したドミニカ共和国が成立する一八四四年まで全島を支配することになる。[24]

ハイチの研究者である浜忠雄によれば、「一八二〇年代のハイチでは、人口約八〇万人に対して、常備軍は約三万二〇〇〇人、臨時徴募の国防軍が四万人にも達したが、軍隊は、ハイチの男性が土地を手に入れたり政治に参画する主要なルートにもなった[25]」という。そのような軍事的独裁体制の下で、農民は農業生産の増進という名目で「奴隷制の再導入にも等しい」形で土地に縛りつけられた[26]。

ヘーゲルが『精神現象学』を書いていたのは、ハイチの独立宣言から共和国成立にいたる時期であり、バック＝モースの言葉を借りれば、「革命の目撃という歴史的経験としての集合的熱狂」が続いていた時期だった。そして、『精神現象学』が出版されたのは、奇《く》しくもイギリスが奴隷貿易を廃止したのと同じ年だった。それに対して、一八二〇年代以降のハイチ島では、ボワイエの軍事的な支配の下で、自らを解放したはずの元奴隷の政治的・経済的状態は悪化し続けていたのである。

ヘーゲルにとって、ハイチ革命は、「人間の自由」を自覚した奴隷たちの「自らを解放する絶対的な権利」の行使であるはずだった。しかし、その結果として成立した世界初の黒人共和国は、法によって各人の自由を保障する法治国家ではなく、ヘーゲルの言葉によれば「身の毛のよだつ専制政治」にすぎないものだった。期待が大きかっただけに、その反動でいっそう深くなった幻滅が、このような人種差別的な発言を生み出したのかもしれない。

4　労働者階級の貧困と「不正」

いずれにしても、ヘーゲルが生涯一貫して、「自由の自覚」という原理に基づいた「奴隷が自らを解放する絶対的な権利」を擁護していることは確認できたと思う。その意味で、彼は一九世紀を代表する自由主義的な思想家の一人なのである。

しかし、問題は、そのような（いわゆる）リベラルな思想家が一九世紀に果たしたもう一つの役割である。実は、この問題そのものについては、バック＝モースも指摘していた。「一八〇七年にイギリスの奴隷貿易を終わらせた奴隷制廃止論者の勝利は、『自由free』な労働という観念の誕生と一致するものである[27]」。

それでは、「自由な労働」とは何か。バック＝モースは次のように続けている。

そこで問題となったのは労働の搾取ではなく、その労働に自発的に服従させるためのフィクションを維持することであった。「炭鉱および製塩所に生活を拘束されていた」イングランドやスコットランドの労働者が起こした訴訟において、裁判所は「産業奴隷を人権の侵害として非難しなかった」。というのも、「労働者はたとえ実際上永続的な従属状態にとどまろうとも、わずかな賃金であれ承諾したのであれば自由人と定義されうる」からである。自由労働というイデオロギーは、（中略）イギリスの労働者階級にとっては敗北であった。[28]

なお、この文章の中で彼女が引用しているのは、アメリカの歴史家デヴィッド・ブリオン・デイヴィスの『革命の時代における奴隷制問題』[29]（一九七五年）である。

要するに、奴隷制廃止論が結果として生み出したのは、労働者が「わずかな賃金」と引き替えに承諾した「産業奴隷 industrial slavery」状態を「自由な労働 free labor」という名目で正当化する、資本家側のイデオロギーだった、ということである。

このように「自由な労働」イデオロギーを批判しているにもかかわらず、バック＝モースは、ヘーゲル自身がまさにそのイデオロギーの擁護者でもあったことを見落としている。彼女はヘーゲルを奴隷解放論者として高く評価するのだが、不思議なことに、奴隷解放論者こそが「産業奴隷」状態の擁護者でもあった、という事実に気づいていない。

一八一七年度のハイデルベルク大学での講義で、ヘーゲルはすでにこう述べていた。

私の特殊な身体的および精神的な力と技能のうちで他者に譲渡できるのは、時間の中で制限された使用である。なぜなら、こうした力と技能は、規定されたものとして、私の〈人格そのもの〉への外面的な相関関係という側面を一般に持つが、この相関関係が外面的なものとして規定され定在するのは、もっぱら個別的な産物あるいは特定の時間に譲渡が制限されることによるからである。これに対し、無制限の時間で譲渡がなされるなら、私の普遍的な存在の現象である総体としての自分の力が譲渡されることになるだろう。[30]

私の「人格そのもの」は誰にも譲渡できないものであったはずだが、しかし、「時間の中で制限された使用」にとどまるなら、私の「自由」を損なうことなく他人に譲渡できる、というのである。言い換えれば、たとえ労働の実態は奴隷と変わりないとしても、その労働が一定の時間内のもので、しかも、労働者自身が自分の意志でそれを「承諾」したのであれば、その労働者は「自由」だ、ということになる。労働時間が「無制限」でさえなければいいのである。その結果については、自由な自己決定の結果なのだから、自己責任だということになる。これが、奴隷とは概念的に区別されるべき「自由な労働」の意味づけであった。

ちなみに、一八二〇年の『法の哲学』でも、ほぼ同じ言い回しが再現する。念のために引用しておこう。

私の特殊的な身体的精神的諸技能や諸々の活動可能性について、それによって成る個々の生産物と、それの他人による時間的に制限された使用とを私は譲渡することができる。なぜなら、この時間的制限によって、これらの技能や可能性は私の総体性と普遍性とに対する外面的な関係を獲得することになるからである。もし仮に、労働を通して具体的なものとなっている私の全時間と、私の生産物の総体を譲渡するようなことがあるとすれば、このときには私はこうした時間や生産物にあって実体的なもの、つまり私の普遍的な活動や現実性を、ひいては私の人格性を他人の所有にゆだねることになってしまうであろう。[31]

しかしながら、そのような「自由な」労働者が置かれている社会的状況を、ヘーゲルは実は知っていたし、憂慮してもいた。『法の哲学』で、彼はこう述べているからである。

市民社会が円滑に活動しているならば、市民社会はその内部において絶えざる人口増加と産業発展のうちにあるものとみなされる。欲求を介しての人々の結合の普遍化、および欲求を満たす手段を用意し作りだす仕方の普遍化によって、富の蓄積が増大する。なぜなら、この二重の普遍性から莫大《ばくだい》な利得が引きだされるからである。これが一面である。他面においては、特殊的労働の個別化と制限、そしてこれとともに、このような労働に縛りつけられた階級の依存性と困窮とが増大する。後者には広範な自由の感得と享受が不可能になること、そしてことに、市民社会の精神的長所の感得と享受が不可能になることが結びついている。[32]

ここでヘーゲルが「特殊的労働に縛りつけられた階級」と呼ぶ人びとが、スミスが「労働貧民」と呼んだ人びととほとんど重なり合うことに気がつかれただろうか。つまり、「自由な労働」の主体であるはずの労働者階級は、実際には「広範な自由の感得と享受が不可能になる」ほどの「困窮 Not」状態に置かれているのである。ヘーゲルはさらにこう続ける。

社会の成員にとって必要であるとしておのずときめられるような一定の生活水準以下に大衆が陥ることは、そしてそれにともなって、法の感情や遵法の感情、また自分自身の活動と労働によって生きるという誇りの感情が失なわれるまでになることは、浮浪者〔Pöbel〕の出現を引き起こす。この出現は、また同時に、過度に巨大な富の少数者の手中への集中をより容易にさせるということをともなっている。

【補遺】　最低の生活水準、すなわち浮浪者のそれは、おのずから決まってくる。それでも、この最低限は国民によってまったく異なっている。（中略）貧困そのものは何びとをも決して浮浪者にはしない。浮浪者は貧困に結びついている志操によって、つまり富める者や

> 社会や政府などに対する内面的な反抗によって、はじめて浮浪者と規定される。さらに、これには人間が偶然性に頼り、軽佻浮薄《けいちょうふはく》になり、仕事嫌いになるということが結びついている。（中略）それとともに、浮浪者のうちには、自分の労働によって生計の道を見つけだすという誇りをもたないで生計の資を見つけることを、自分の権利として要求するという悪が生じる。いかなる人間も自然に対しては自己の権利を主張することはできないが、しかし社会状態にあっては、欠乏は、直ちに、あれこれの階級に加えられる不法の形式［die Form eines Unrechts］を採る。いかにしたら貧困が除去されるかという重大な問題は、とりわけ近代社会を動かし苦しめている問題である。[33]

ここで「浮浪者」と訳されている原語の〈Pöbel〉は、必ずしも「住所不定」や「ホームレス」というわけではない。一般には貧しい「下層民」を指して軽蔑的に使われる言葉で、『法の哲学』の古い翻訳では「賤民」と訳されたこともある。現在の日本では、生活保護の対象となるような貧困者が想起されるかもしれない。原語の語感からすれば、バッシングの対象として、本当は働くことができるのに、働く気を失って生活保護に依存しようとしている連中、というニュアンスをも含んでいると考えてもいいだろう。

ヘーゲルは、労働者階級がその社会で「普通」に暮らすために必要な「一定の生活水準以下に陥る」ことによって、「遵法の感情」や「仕事への誇り」を失った下層民が出現する、と言う。これは、現代の言葉で表現すれば、「相対的貧困」の問題である。

ちなみに、現在の日本でも使われているのは、経済協力開発機構（ＯＥＣＤ）が定めた「相対的貧困率」の算出方法である。まず、世帯全員の可処分所得を合算して世帯人数の平方根で割った数値が「等価可処分所得」で、その中央値（全世帯数のちょうど半分に位置する世帯の数値）の半分を「貧困線」とし、等価可処分所得が「貧困線」未満の世帯員を「貧困」と定義する。この「貧困」世帯の人の全人口に占める割合が「相対的貧困率」である。現在わかっている最新の数値である厚生労働省の「平成二五年国民生活基礎調査」によれば、日本における等価可処分所得の中央値は二四四万円、「貧困線」は一二二万円である。そして日本の「相対的貧困率」は二〇〇九年以降約一六パーセントで高止まりしており、二〇一六年現在、ＯＥＣＤ加盟三五ヵ国中六位の高さにある。[34]つまり、現在の日本では、ほぼ六人に一人が「貧困」世帯で生活していることになる。

ヘーゲルは「いかにしたら貧困が除去されるかという重大な問題は、とりわけ近代社会を動かし苦しめている問題である」と結論づけているが、これはまさに、今なお私たちの社会を苦しめている問題でもあることがわかる。

では、どうしたらいいのか。労働者階級をそのような「困窮 Not」「貧困 Armut」「欠乏

Mangel］という状態から救い出す方法はないのか。労働者には、奴隷と違って、自分が置かれた「不法」な状態から脱する「絶対的な権利」はないのか。

ヘーゲルが奴隷制を「不正／不法」と断定したのは、奴隷制が、私の「人格そのもの」の譲渡できない固有性を侵害するものだからだった。それに対して、ヘーゲルは、「自由な労働」をそのようなものとは見ていない。ヘーゲルによれば、「私の意志が、人格的な意志として、したがって個別者の意志として、所有物において私にとって客観的となるのであるから、所有物は私的所有という性格を具《そな》える」[35]。そして、スミスにとって「自由な」労働者は「財産を取得できる人」であるはずだったのと同じように、ヘーゲルにとっても、賃金労働者はあくまでも自分の意志で、自分の労働に基づいて、「私的所有」を獲得できるはずの人間なのだ。

そうだとすれば、ヘーゲルが憂慮する労働者の「困窮」や「貧困」は、自由な人間の私的所有という原理に抵触するものではなく、量的な「不平等」の問題なのである。その意味での「不平等」は、いわば避けることのできない当然の事態にすぎない。人間には生まれながらにもつ身体的・精神的素質の「不平等」があるし、その後の形成過程によって技術的な能力の「不平等」も生まれるからである。彼は、こう結論づけている。

理念のうちに含まれている精神の特殊性の客観的な真実［Rechte］は、自然——不平等の素地——によって定められた人間の不平等を市民社会において廃棄しないどころか、精神からこの不平等を産出し、これを技倆《ぎりょう》〔Geschicklichkeit〕や資産〔Vermögen〕や、それぱかりか知的教養形成や道徳的教養形成の不平等にまで高めるのである。このような特殊性の客観的な真実に対して、平等の要求を対置することは、その抽象態と当為を実在的なもの、理性的なものとみなす空虚な悟性に属する。[36]

ここで「技倆」と訳されている〈Geschicklichkeit〉は「手先の器用さ」や「手際の良さ」を指す言葉であり、「資産」と訳されている〈Vermögen〉もまた同じように、「財産＝所有Eigentum」のことではなく、むしろ「能力」と訳した方が適切な言葉である。現代語だと「人的資本＝ヒューマンキャピタル」に近いかもしれない。それらの不平等は、本人の努力の結果だとして肯定されるのである。

こうしてヘーゲルは、個々の労働者の後天的な努力の結果として、技術的・精神的能力の差異が生じ、それがさらに「知的教養形成や道徳的教養形成の不平等」を生むことを、当然のこととして是認している。

しかしながら、先に見た通り、ヘーゲルは労働者階級の「困窮と貧困」の反対側に、「過度に巨大な富の少数者の手中への集中」が起きていることも認識していた。ヘーゲルもまた、スミスと同じように、「市民社会」の現実が巨大な経済格差を生むことを十分に知っていたのである。そうだとすれば、雇用者の階級と労働者階級との間で「知的教養形成や道徳的教養形成の不平等」が世代的に再生産されることによって、労働者階級の「困窮と貧困」もまた世代的に再生産される事態を、ヘーゲルは当然予測していたはずである。

それにもかかわらず、「私的所有」を人間の自由の必然的結果として肯定する立場から、ヘーゲルは労働者階級の側から提起される可能性のある「平等の要求」を、あらかじめ却下する。自由主義者ヘーゲルにとって「私的所有の自由」こそ、最優先されるべき「理性的なもの」であった。その「私的所有」を批判して、改めて「平等の要求を対置する」ことになるのが、マルクスである。その中で、「奴隷制」という言葉の意味するものも変化していくことになる。

第四章　隠された奴隷制——マルクス

1　直接的奴隷制と間接的奴隷制

ようやくマルクスに話を戻すことができた。念のために、「はじめに」で引用した『資本論』第一巻第七編の文章をもう一度書き写しておこう。

綿工業はイングランドには児童奴隷制を持ちこんだが、それは同時に、以前は多かれ少なかれ家父長制的だった合衆国の奴隷経済を、商業的搾取制度に転化させるための原動力をも与えた。一般に、ヨーロッパにおける賃金労働者の隠された［verhüllte］奴隷制は、新世界での文句なしの奴隷制を踏み台として必要としたのである。[1]

ここでマルクスが使っている「隠すverhüllen」という動詞は、布やヴェールなどで覆うことを指す言葉なので、「隠された奴隷制」とは、正確には「ヴェールで覆い隠された奴隷制」だということになる。『資本論』の英語訳は複数存在するが、いずれもこれを〈the veiled slavery〉と訳している。

『資本論』の解説書や研究書は山のようにあるが、そのどれも、マルクスのこの表現が何を意味しているのか（「事実確認的 constative」には何を指示しているのか）、そして彼はなぜ、何を目的としてこのような表現を使ったのか（「行為遂行的 performative」には何をしていたのか）、という問題に、これまでほとんど関心を払ってこなかった。かろうじてマルクス研究書の一つがこう述べているにすぎない。「マルクスが賃労働制度の本質をあらわすのに『賃金奴隷制』『白人奴隷制』『間接奴隷制』『ヴェールをかぶった奴隷制度』などの比喩をくりかえし使ったのは、当時の労働者のあいだにそれが強い訴求力を発揮したからである[2]」。

しかし、本当にそうだろうか。奴隷制はたんなる「比喩」なのだろうか。そもそも『資本論』によれば、資本主義的生産様式が前提とするのは「二重の意味で自由な労働者」だったはずだ。『資本論』第一巻第二編では、マルクス自身がこう述べていたのではなかったか。

労働力の所持者と貨幣所持者とは、市場で出会って互いに対等な商品所持者として関係を結ぶのであり、（中略）両方とも法律上では平等な人である。この関係の持続は、労働力の所有者がつねにただ一定の時間を限ってのみ労働力を売るということを必要とする。なぜならば、もし彼がそれをひとまとめにして一度に売ってしまうならば、彼は自分自身を売ることになり、彼は自由人から奴隷に、商品所持者から商品になってしまうからである。[3]

この文章に既視感を覚えなかっただろうか。ヘーゲルの『法の哲学』からの引用文だと言われれば、そうだと納得したかもしれない。『資本論』も、このような前提から出発しているのである。それでは、このような「自由人」と「奴隷」との概念的区別にもかかわらず、なぜマルクスは賃金労働を「覆い隠された奴隷制」と呼んだのか。そしてそれは「むき出しの奴隷制」とは何がどう違うのか。

一見すると論理的首尾一貫性を犠牲にしてまで「自由な労働者」の「奴隷制」について言及したことの背景には、「自由」をめぐる、そして「正義／不正」をめぐるイデオロギー批判が隠されている。「奴隷制」というのはたんなる「比喩」などではない。この言葉が「強い訴求力」をもったその歴史的文脈そのものを明らかにすることが、ここでの課題である。

いま「正義」という言葉を使ったので、少し説明をしておこう。マルクスの「正義」論については、すでに膨大な研究の蓄積がある。[4] 英語圏での多様な議論を整理し総括したイギリスの政治学者ノーマン・ジェラスは、「マルクスはたしかに資本主義を不正［unjust］だと考えたが、自分がそう考えているとは考えていなかった」[5] と結論づけた。しかし、この言い方は正確ではない。マルクスは「たしかに資本主義を不正だと考えた」が、そのことに無自覚ではなかった。彼は、「不正」という概念が歴史的に規定された重層的なものであることに気づき、単純に不正だと批判してすますことができず、資本主義がどのような意味で不正であるかの論証に苦心したのである。[6]

その際に、マルクスの格闘の対象となったのが、ヘーゲルの法哲学だった。スミスが経済的コストの問題として考えた奴隷と自由な労働者との比較を、「正義／不正」の問題として整理したのが、ヘーゲルの法哲学だったからである。マルクスの思想的出発点は、まさにヘーゲルの法哲学の批判だった。そして、マルクスが「奴隷制」という言葉を使い始めたとき、それはすでにその後の展開を先取りするものだった。マルクスがはじめて出版した単行本は、フリードリヒ・エンゲルス（一八二〇〜一八九五）との共著『聖家族——批判的批判の批判』（一八四五年）だが、その中の自分の執筆部分で、マルクスは次のように書いている。

民主主義的代議制国家と市民社会の対立は、公的な共同体と奴隷制〔Sklaventum〕の古典的対立の完成である。近代世界では、各人は奴隷制の一員であると同時に共同体の一員である。市民社会の奴隷制こそ、その外見からいえば、最大の自由である。なぜなら、それは外見のうえでは個人の完全な独立性だからである。[7]

自分自身が「奴隷」であることに気づいていない「奴隷」。主観的には自分は「最大の自由」と「個人の完全な独立性」を享受していると思っている「奴隷」。それが、ここでマルクスの言う「市民社会の奴隷制」である。一見すると誤解されるかもしれないが、マルクスが批判しているのは近代国家における政治的自由の欠如ではない。たとえ「民主主義的代議制国家」が実現してそこで「国民の一人」としての政治的自由を獲得したとしても、「市民社会」という場においては、人間は「奴隷」にとどまっている、というのだからである。

ここでマルクスが使っている「市民社会」という言葉は、ヘーゲルの『法の哲学』における用語法を継承したものであり、それは前章で見たように、労働者階級の困窮と貧困が問題となっている経済社会だった。マルクスはすでに前年の一八四四年に『法の哲学』の参照指示に従ってスミスの『国富論』を読み、その抜粋ノートを作成し、それを利用しながら『経済学・哲学草稿』を書き綴《つづ》っていたのである。

ただし、この時点では、マルクスが『国富論』の奴隷制論に注目した様子はないし、そもそも植民地問題への関心もうかがえない。それが大きく変化するのが、一八四六年である。ロシアの知人パーヴェル・ヴァシリエヴィッチ・アンネンコフ（一八一二〜一八八七）に宛ててフランス語で書いた一八四六年一二月二八日付の手紙で、マルクスは「プルードン氏の弁証法」を批判するための一例として、次のように書いている。

そこで、今度はプルードン氏の弁証法の一例をお目にかけましょう。／自由と奴隷制とは一つの敵対的関係をなしています。自由の良い面や悪い面を語る必要はありません。奴隷制については、その悪い面を語る必要はありません。ただ一つ説明を要するのは、奴隷制の良い面です。問題は、間接的奴隷制［l'esclavage indirect］、すなわちプロレタリアの奴隷制［l'esclavage du prolétaire］ではありません。問題は、直接的奴隷制［l'esclavage direct］、すなわちスリナム、ブラジル、北アメリカの南部諸州における黒人の奴隷制［l'esclavage des Noirs］です。／直接的奴隷制は、機械、信用などと同じように、今日のわれわれの産業制度の枢軸である。奴隷制がなければ綿花はない。綿花がなければ近代工業はない。奴隷制は植民地に価値を与え、植民地は世界貿易を作り出し、世界貿易は機械制大工業の必須条件である。（中略）だから、奴隷制はもっとも重要な経済的カテゴリーである。（中略）こうして、奴隷制は、一つの経済的カテゴリーであるがゆえに、世界のはじめからすべての国民のうちに見出されるのだ。近代の諸国民は、自国では奴隷制を変装させ、新世界にはこれを公然と輸入することができた、というだけのことだ。奴隷制についてこのような考察をした後で、この善良なプルードン氏は、どうするでしょうか？　彼は自由と奴隷制との総合を、真の中庸を、言い換えれば奴隷制と自由との均衡を、求めるでしょう。[8]

マルクスはこれとほぼ同じ文章を、一八四七年七月にパリとブリュッセルで出版した『哲学の貧困』でも繰り返している。[9] これは、ピエール＝ジョゼフ・プルードン（一八〇九〜一八六五）の全二冊総計九〇〇頁を超える（翻訳では約一二〇〇頁になる）大著『経済的諸矛盾の体系、または貧困の哲学』（一八四六年）を徹底的に批判した本である。

この『経済的諸矛盾の体系』でプルードンは、「経済発展」の第一段階を「分業」、第二段階を「機械」と位置づけ、以後、第四段階の「独占」、第八段階の「所有」などを経て、第一〇段階の「人口」にいたる資本主義経済の全体像とそれが抱える諸矛盾を描き出そうとした。第一段階の「分業」について、プルードンは次のように述べている。

細分化された労働は奴隷のしごと［une occupation d'esclave］であるが、そういう労働のみが豊かさをもたらす。分割されない労働は自由人［l'homme libre］のものだが、そういう労働はかかった費用もカバーできない。（中略）いたるところで経験されているように、またこの点では理論的にもそう言えるように、分業が進めば進むほど賃金は下がっていく。だから、われわれは細分化された奴隷労働［l'esclavage parcellaire］に従事しても、そのおかげで豊かになれるわけではないことは明白だ。分業は人間を機械に変えてしまうだけである。ヨーロッパやアメリカの労働者のありさまを見るがよい。[10]

ここでプルードンが「奴隷／奴隷制」という言葉で指示しているのは、細分化された労働の内容であって、分業に従事する労働者自身はむしろ「機械」に変えられてしまうのだという。それでは、その次の「機械制 les machines」の段階になると人間はどうなるのか。

機械はわれわれに富の増大を約束した。約束は守られたが、機械はそれと同時にわれわれに貧困の増大をもたらした。――機械はわれわれに自由を約束した。しかし、機械がわれわれにもたらしたのは隷従［l'esclavage］であった。（中略）さて、われわれがいまたどっている段階、すなわち機械の段階はまた独自の性格によって特徴づけられる。それは賃労働［le saraliat］である。／賃労働は、機械が用いられるようになったことから直線的に生じた。（中略）最初の機械制、そのもっともシンプルでもっとも力強いシステムは工場［l'atelier］である。[11]

機械制が労働者にもたらしたのは、またしても「隷従＝奴隷制」だという。このように、プルードンのこの大著は、機械制工場で働く賃金労働者の置かれた状況を「奴隷制」として厳しく告発するものだったが、その中でプルードンは、分業は「細分化された奴隷労働」であり、機械制工場では労働者は機械の「奴隷」になる、と述べてはいるが、「間接的奴隷制／直接的奴隷制」という用語も概念も使っていないし、そもそも新大陸の「黒人奴隷制」にもまったく言及していない。

したがって、「プルードン氏の弁証法の一例」としてマルクスが言及したこの二つの奴隷制の区別も、黒人奴隷制についての見解も、プルードン自身の発言ではなく、あくまでもマルクス自身による仮想問答である。

ただし、アンネンコフへの手紙でも『哲学の貧困』でも、マルクスは「間接的奴隷制」に関して、「奴隷制を変装させる＝隠す déguiser」という単語を使っている。このことから、彼が何からヒントを得てこのような議論を展開したのかは推測することができる。

マルクスはここで、「近代の諸国民は、自国では奴隷制を変装させ〔déguiser〕、新世界にはこれを公然と〔ouvertement〕輸入することができた」と書いているが、「公然と openly」存在している黒人の奴隷制と「隠されて disguisedly」存在している白人の奴隷制という比較を、マルクス以前にすでに行った人物がいた。それが、ジョン・フランシス・ブレイ（一八〇九〜一八九七）であり、彼の一八三九年の著書『労働の苦難と労働の救済——力の時代と正義の時代』だった。これについては、節を改めてもう少し詳しく見てみることにしよう。

2　ブレイとマルクス

ブレイが生まれたのはアメリカのオレゴンだが、一八二二年に一三歳で父の出身地であるイングランドのリーズに家族と一緒に移住し、一八三二年からはリーズの地方新聞で働きながら、チャーティスト運動（財産資格のある当時の選挙法の改正と社会変革を要求する急進派知識人と労働者の運動）に関与することになった。一八三七年には「リーズ労働者協会 Leeds Working Men's Association」の設立にも加わっている。

このようにアメリカで少年時代を過ごし、イギリスで成人したブレイの独自性は、つねに二つの国の「奴隷制」を比較していることにある。彼は『労働の苦難と労働の救済』で、最初に次のように述べている。

圧政［tyranny］は世界中どこでも同じものであり、それはすべて同じ源泉から生じている――社会の諸階級および諸カーストへの分割である。（中略）今やアメリカ合衆国でもグレートブリテンでもフランスでもそうであって、そこでは社会全体のうちの一つか二つの階級が、労働階級［the working class］の労苦と欠乏によって創り出された富を、気づかれることなく、絶え間なく、無慈悲に、自分自身の資産の中に飲み込むことができるようになっているのである。／これこそが、救済策を必要とする最大の害悪である。[12]

このような「社会の諸階級への分割」に基づいて「労働階級」の生産した富を別の階級が我が物にすること、つまり、スミスがすでに『国富論』で指摘し、まもなく「階級的搾取」と呼ばれることになる状態を、ブレイは一括して「奴隷制」と名指している。ただし、「奴隷制」は大きく二つの種類に分けられる。彼はまず「アメリカ合衆国の金持ちの共和主義者」をやり玉に挙げながら、次のように批判している。

自由、そして権利の平等、この言葉の意味を、彼らはまだ知らない。（中略）これらの共和主義者は、自分たちの憲法の精神に従うふりをすることさえもしないで、二〇〇万人以上の彼らの有色の同胞の、隠し立てのない軽蔑すべき奴隷制を固守しているのだが、その有色の同胞は、家畜のように売買され、あるいはむち打たれ殺されているのである。原則と実践とのこの紛れもない矛盾は、しかし、富の不平等の自然な結果にほかならない。そのような圧政と奴隷制は、公然とであれ隠されてであれ――黒人に対してであれ白人に対してであれ――その政府形態がどのようなものであれ、財産の不平等と雇用者および被雇用者への社会の分割が存在してきたすべての国に必ず存在しているのが見られるだろう。[13]

アメリカに存在しているのは、ブレイの表現によれば、「隠し立てのない軽蔑すべき奴隷制undisguised and abject slavery」である。それに対して、「すべての国に必ず存在している」奴隷制は、大きく二つに分けられる。一つは、「公然とopenly」存在している「黒人black men」の奴隷制、もう一つは、「隠されてdisguisedly」存在している「白人white men」の奴隷制である。原語を見ればわかるように、これは一種の対句表現である。「隠し立てのない黒人奴隷制」と「隠された白人奴隷制」。つまり、アメリカの黒人奴隷とイギリス（やその他ヨーロッパ）の賃金労働者が「奴隷制」の二類型として並べられているのである。

ここでブレイが使っている〈disguise〉という動詞は、元々はフランス語から英語に入ってきた単語で、「変装させる」「偽装させる」という意味がある。したがって、何かを装うことで本当の姿を「隠す」というニュアンスをもつ。ただし、「隠された」奴隷制が何によってどのように装われて「隠されて」いるのか、という説明はここではなされていない。

ブレイは、「財産の不平等と雇用者および被雇用者への社会の分割」が存在していれば、必ず奴隷制が存在する、と言うのだから、資本家に雇用される賃金労働者は、説明の余地なく「奴隷」だということになる。つまり、ブレイは、階級分割が存在して搾取が行われていれば、それを「奴隷制」と呼ぶのである。それはたんなる比喩ではない。そしてこの奴隷制の原因は、彼によれば「交換の不平等」にある。

労働者たちは、これまで資本家に半年の労働の価値と引き換えに丸一年の労働を与えてきたのであって、それだからこそ、今われわれの周囲に存在するような富と力の不平等が発生したのである。どこまでも資本家は資本家、労働者［working men］は労働者であり、一方は圧制者の階級［a class of tyrants］、他方は奴隷の階級［a class of slaves］であるということは、交換の不平等の――ある価格での買いと別の価格での売りとの――不可避的な結果なのである。[14]

ブレイによれば、労働者は資本家に「丸一年の労働を与えてきた」のに対して、資本家は労働者に「半年の労働の価値」しか与えていない。このような資本家と労働者との「交換」が、不平等だというのである。つまり、資本家が労働者を雇用して働かせることによって利潤を獲得すること、それ自体が「不平等な交換」だというのである。

したがって、ブレイによれば、現在「金持ち」が享受している「この富はすべて、連続する諸時代にわたる労働諸階級の骨と筋肉から引き出されたものであり、不平等な交換という奴隷制を創出する詐欺的なシステム［the fraudulent and slavery-creating system］によって彼らから手に入れたものなのである」[15]。その結果、労働者階級は「奴隷の階級」となる。それだけではない。ブレイによれば、現代の労働者階級はかつての「農奴や奴隷」の子孫でもある。彼はこう説明している。

人間はこれまでずっと人間の所有物［property］だった。政府が変わるだけでは、もしそれが現在の社会システムに接ぎ木されるのならば、人間が別のものになることを許さないだろう。われわれはずっと前に奴隷制という名前とお仕着せを投げ捨てたにもかかわらず、労働階級はなおも古い時代の彼らの先祖に劣らず所有されている。他人が怠けている間に彼らは労苦する——彼らが生産して他人が消費する——一つの階級が命令して他の階級は従う——したがって生産者は依然として言葉の本当の意味において奴隷なのである。そして、君主が支配するヨーロッパの奴隷化された数百万と、共和制アメリカの影をつかむような数百万は、現に同じように苦しみ、同じように労苦している。ほかにどんなことがなされようとも、労働が普遍的なものになり交換が平等になるまでは、奴隷制の原理と実践はけっして破壊されえないし、人間が本当の意味で自由になることもありえない[16]。

ここでもブレイは、ヨーロッパの労働者階級は「言葉の本当の意味において奴隷」なのだと断言する。そして、ヨーロッパの賃金労働者とアメリカの黒人奴隷は、「現に同じように苦しみ、同じように労苦している」のだと言う。両者は同一視されて並列されている。それでは、両者の何がどう違うのか。ここでも明確な説明はないが、彼の考えを推測できる個所がある。「われわれはずっと前に奴隷制という名前とお仕着せを投げ捨てた」という文章である。つまり、ヨーロッパの賃金労働は、今ではもう「奴隷制」と呼ばれていないにもかかわらず、実態としては依然として「言葉の本当の意味において奴隷」だということになる。「奴隷制」とは呼ばれない姿に変装させられた奴隷制。偽名の奴隷制。それが、「隠された奴隷制」という言葉に込められた意味だと考えればいいだろう。

いずれにしても、ブレイは「奴隷制の原理と実践」を破壊して、「人間が本当の意味で自由になる」ためには、「労働が普遍的なものになり交換が平等になる」ことが必要だと言う。しかし、「交換の不平等」をなくすことは、「資本家と生産者とへの——雇用者と被雇用者とへの——社会の分割[17]」そのものをなくすことを意味するはずである。そうだとすれば、そのためには、具体的にどうしたらいいのか。

ブレイが最終的に提起するのは、「現在のシステム」を根本的に変革し、それに代わって「財産共有という社会システム the social system of community of possessions[18]」を実現することである。この未来のシステムを彼は次のように描いている。

金持ちと貧乏人、あるいは雇用者と被雇用者という現在の社会における区別は全面的に転覆される――社会はただ一つの階級、精神的労働や手作業をする労働者［labourers］だけから構成され、彼らは無数の共同体あるいは株式会社［communities or joint-stock companies］に統合されて、その中では労働が普遍的なものになり、報酬は労働時間に比例したものになる――これらの共同体が国民の土地と生産資本の所有権を保持する――これらの共同体が、同様に総額二〇億ポンドスターリングの流通する銀行券や紙幣を所有する――そして、これらの共同体が相互に普遍的に富を生産し、あるいは分配し、広範囲にわたる平等の原理に基づいてそれらの労働と労働生産物を交換する。この巨大な労働の連合体［confederation］は、現代の株式会社に似た性格をもっており、同じような装置を手段として、その帰結を前に進めていくだろう。[19]

しかし、現在のシステムから利益を得ている「金持ち／雇用者／資本家」が、このような社会変革を黙って受け入れるだろうか。ブレイは、「これらすべての運動と変化は革命である」[20]とも言うのだが、変革の全面性や巨大さを強調する一方で、その「革命」の具体的な道筋については触れていない。

ブレイがチャーティスト運動に関与していたことは、本節の最初に述べた。そうであれば、彼もまた他のチャーティストと同じように、成人男子普通参政権が実現されれば労働者階級が社会変革を推進するための政治的権力を手に入れることができる、と考えていたのだと思われる。しかし、そのためにも、まずは問題を社会に訴えて説得することが重要だった。彼は次のように述べているからである。

財産共有という社会システムは、そのような性格をもっているので、それはそれ自体の内部に、経済学者たちが望んだ必要なすべてのものだけでなく、政治家たちが実現しようとした政治的平等のすべてをも含んでいる。そして、議論の余地のない事実によって、現在のシステムの下では、これらの物事のどれ一つとして社会の大部分の利益を生み出してはいないことは、すでに証明されている。[21]

ブレイがこの書物を出版した年、チャーティストは成人男子普通参政権などを議会に要求する第一回「国民請願」運動を展開した。しかし、彼らの請願書は議会で否決され、さらにそれに対する抗議運動が先鋭化したために、運動指導者に対する大量逮捕が行われる結果となった。チャーティスト運動に対する、いわゆる第一次弾圧である。そのような弾圧を経験したブレイは、一八四二年にイギリスを脱出してアメリカに戻るが、デトロイトで印刷工として働きながら、その後もアメリカの労働運動に関わり続けることになる。彼はまさに「大西洋をまたにかけた急進派 transatlantic radical」[22]だった。

マルクスは、アンネンコフに手紙を書く前の一八四六年七月から八月にかけてマンチェスターに滞在していたが、そこで大量の英語の本を読み、それを自らドイツ語に訳しながら九冊の抜粋ノートを作成した。実はその中に、ブレイの著作『労働の苦難と労働の救済』からの五〇頁を超える詳細な抜粋も含まれていた。[23]マルクスは『哲学の貧困』で、ブレイを「イギリスの共産主義者」[24]と紹介したうえで、その著書を約一〇頁にわたって引用してコメントしているが、その際に利用したのがこの抜粋ノートだったのである。ただし、「隠された白人奴隷制」に言及したブレイの叙述そのものは、[25]抜粋ノートには書き写されているにもかかわらず、[26]『哲学の貧困』では引用されていない。これも一つの「隠蔽《いんぺい》」だろうか。

それでは、「直接的奴隷制」と「間接的奴隷制」というマルクスの奴隷制認識は、ブレイを借用したもので、内容的に同じものだと言っていいのか、というと、そうではない。すでに確認したように、ブレイは、植民地の奴隷制とヨーロッパの賃金労働者の状態は、労働の実態が苛酷な「強制労働」であることでは同一であるが、違いは「奴隷制」という名前で呼ばれるか呼ばれないかにある、と論じていた。

それに対してマルクスの独自性は、二つの奴隷制を並べるだけでなく、両者の関係そのものを問いかけたことにある。彼によれば、植民地の奴隷制プランテーションは「機械制大工業の必須条件」として資本主義的生産に組み込まれている。つまり、資本主義は、「世界貿易」を通した本国（中心部）の奴隷制と植民地（周辺部）の奴隷制との密接不可分な関係の上に成り立っているのだ。マルクスのこの認識は、二〇世紀の「世界システム」論に受け継がれることになるはずである。

しかし、私たちはまず次の問いから始めることにしよう。マルクスは、植民地の「直接的奴隷制」を具体的にはどのようなものとして認識していたのだろうか。

3　マルクスとアメリカ南北戦争

いま見たように、マルクスは一八四六年の時点で、植民地の奴隷制プランテーションが「機械制大工業の必須条件」であり、資本主義は「世界貿易」を通したヨーロッパの「間接的奴隷制」と植民地の「直接的奴隷制」との密接不可分な関係の上に成り立っている、という世界認識を獲得していた。そしてその後も、彼はとりわけアメリカ合衆国南部の「直接的奴隷制」についての関心をもち続けた。

たとえば、一八五三年六月のエンゲルス宛ての手紙で、マルクスは、アメリカの経済学者ヘンリー・チャールズ・ケアリ（一七九三～一八七九）が『国内および国外の奴隷貿易』[27]（一八五三年）という著書を送ってきたことを知らせたうえで、次のように書いている。

この本のなかで積極的に興味のある唯一の点は、ジャマイカなどにおける往年のイギリスの黒人奴隷制［Negersklaverei］と合衆国の黒人奴隷制との比較だ。彼［ケアリ］は次のようなことを指摘している。ジャマイカなどにおける黒人の主力は、絶えず新たに輸入される未開人［barbarians］だったが、そのわけは、イギリス人による取り扱いのもとでは黒人はその人口を維持できなかっただけではなくて、年々の黒人輸入も三分の二までは使い果たされてしまうのが常だったからだ。ところが、アメリカの現在の黒人世代はアメリカ国内産で、多かれ少なかれヤンキー化されており、英語を使ったりして、それゆえに解放可能になっているのだ、と。[28]

ケアリのこの著書は、ヨーロッパ諸国とその植民地における奴隷貿易と奴隷制の歴史と現状を論じた全二一章四二六頁にのぼる大著なのだが、マルクスにとって、その中で「積極的に興味のある唯一の点」は、アメリカ合衆国における黒人奴隷の「解放可能性」について論じた個所だった、ということは注目していいだろう。

マルクスはこの「解放可能」という言葉にアンダーラインを引いて強調している。ただし、彼はケアリの議論に全面的に賛成しているわけではない。実は、マルクスは、ケアリがこのように「イギリスの黒人奴隷制と合衆国の黒人奴隷制」とを比較して、アフリカ出身の「未開人」（マルクスはこの言葉をわざわざケアリが使っている通りの英語で表記している）と合衆国生まれの「文明化された＝ヤンキー化された」黒人との差異を強調していることに対する皮肉を表明しているのである。そのことは、引用した個所の前後でマルクスがケアリのこの大著の主張を批判していることから明らかである。

マルクスにとって、ケアリは、イギリスが「世界の工場となって、すべての他の国々を、製造工業から切り離された未開な農業に逆転させている」ことに反対している人物であり、「博愛主義的」な形態のもとに「アメリカの保護関税論者的ブルジョアジーを、すなわち、工業ブルジョアジーを、代表している」人物だった。[29] そのような立場から、ケアリは、イギリスの工業と結びついた合衆国南部の黒人奴隷制プランテーションを批判しているのである。ケアリが代弁していた合衆国北部の工業ブルジョアジーと、南部の奴隷制プランテーション所有者との利害の対立は、まもなく両立しがたいほどに高まっていくことになる。

一八六〇年一一月のアメリカ合衆国の大統領選挙で、奴隷制拡大に反対していたエイブラハム・リンカーン（一八〇九〜一八六五）が当選すると、一二月にはサウス・カロライナ州（ジョン・ロックの時代から黒人奴隷を使役していた奴隷州！）が合衆国からの脱退を宣言し、翌一八六一年二月には南部の七州が「アメリカ連合国 Confederate States of America」（南部連合）を結成した。そして四月には合衆国と南部連合との間で戦闘が始まる。アメリカの「内戦 the Civil War」、いわゆる南北戦争（一八六一〜一八六五年）である。ちなみに、その間、ケアリはリンカーン大統領の経済顧問になる。

南北戦争勃発後の一八六一年の一〇月、マルクスは、アメリカの新聞ニューヨーク・デイリートリビューンに「イギリスの綿花貿易」という論説を寄稿し、その中で改めて「間接的奴隷制」と「直接的奴隷制」の関係について論じている。アメリカで最大の発行部数を誇るこの共和党系の新聞は、奴隷制反対と保護貿易を掲げて合衆国北部の世論形成に大きな影響を与えていたが、マルクスは一八五一年八月以来この新聞のロンドン通信員として寄稿を続けていた。この論説で、彼はこう書いている。

一般にイギリスの近代工業は、ともに奇怪な二つの軸に依存している。一つはアイルランドと大部分のイギリスの労働者階級の唯一の食料としてのジャガイモである。（中略）イギリス工業の第二の軸は、合衆国の奴隷が生産する綿花であった。現在のアメリカの危機

〔＝南北戦争〕は、イギリス工業に対して、その〔原料の〕供給源を拡大し、奴隷を飼育し奴隷を消費する寡頭支配者たちの手から綿花を解放することを強要している。イギリスの木綿製造業者が、奴隷の生産する綿花に依拠しているかぎり、彼らはまさに二重の奴隷制に、すなわちイギリス本国における白人の間接的な奴隷制〔the indirect slavery of the white man〕と、大西洋の向こう側における黒人の直接的奴隷制〔the direct slavery of the black men〕とに依存していると断言してもまちがいではあるまい。[30]

第1節で見た一八四六年のアンネンコフへの手紙では、マルクスの議論の強調点は、アメリカの奴隷制がイギリスの近代工業にとって不可欠の構成要素をなしている事実そのものにあった。それに対して、南北戦争勃発後のこの時点では、むしろイギリスの木綿製造業が原料供給源を拡大して、アメリカ南部の「奴隷の生産する綿花」に依存しなくなる可能性を示唆することに力点があるように見える。つまり、この論説には、南部連合の奴隷所有者たちに対してその経済的基盤が失われる可能性を警告することで、彼らに動揺を与える、という意図があったのではないかと思われる。

その翌月に同じニューヨーク・デイリートリビューンにマルクスが寄稿した論説は、「ヨーロッパの人民」の名において、より明確に合衆国への連帯を表明するものだった。

ヨーロッパの人民は、南部の奴隷所有者階級〔slaveocracy〕が、奴隷支配の存続は連邦〔＝合衆国〕の存続ともはや両立せずと宣言して、この戦争を始めたことを知っている。したがってまたヨーロッパの人民は、連邦存続のための戦いは奴隷支配存続に反対する戦いであり、――そしてこの戦いでは、今までに実現された人民自治の最高の形態が、歴史の年代記に記録された人間の奴隷化の最もいやしく最も恥知らずな形態に戦いを挑んでいるのだということを知っている。[31]

同じ時期に、マルクスはウィーンの自由主義的な日刊紙ディー・プレッセにも南北戦争に関する記事を寄稿しているが、こちらは、ウィーンのリベラル派に対して合衆国への支援を説得するためか、ニューヨーク・デイリートリビューンとはやや論調の異なるものになっている。彼はこう書いている。

南部と北部との間の現在の闘争は、二つの社会制度、奴隷制〔System der Sklaverei〕と自由労働制〔System der freien Arbeit〕との間の闘争にほかならない。両制度が、もはや、北アメリカ大陸上に平和的に共存できないがゆえに、この闘争が勃発したのである。この闘争は、いずれか一方の制度の勝利をもってしか終結することができない[32]。

スミスやヘーゲルに即して見てきたように、そしてバック＝モースが強調していたように、この時代の自由主義者にとって「奴隷制というシステム」は絶対的な悪だった。それに対して、ここでマルクスの言う「自由な労働というシステム」は、自由主義者にとっては擁護すべきものだった。したがって、「奴隷制」対「自由な労働」という対立構図においてどちらを支援すべきかは、自由主義者にとっては自明のことだった。

しかし、マルクスにとって、少なくともヨーロッパにおける「自由な労働」とは「白人の間接的奴隷制」にほかならないものだったはずである。しかも、逆に言えば、「黒人の直接的奴隷制」そのものも、彼にとっては世界規模での「資本主義的生産」の不可欠の一部をなすものだった。この南北戦争と並行して書いていた一八六一～一八六三年の『経済学批判』草稿の中では、マルクスは次のように明言している。

はじめから商業投機であり世界市場のために生産している第二の種類の植民地——植民地農場［plantations］——では、資本主義的生産が行われる。といっても、ただ形式的でしかない。なぜならば、黒人奴隷制は、自由な賃労働を、したがって、資本主義的生産の基礎を、排除するからである。だが、黒人奴隷を用いて事業を経営するのは資本家である。彼らが持ち込む生産方法は、奴隷制から発生したのではなくて奴隷制の上に接ぎ木されるのである。この場合には資本家と土地所有者とは同一人物である。[33]

したがって、アメリカの南北戦争は、実際には「資本家」対「資本家」の戦争なのである。それでもマルクスは、南北戦争においては終始一貫して、奴隷制に対して「自由な賃労働」を、つまり南部連合に対して合衆国を支援する側にまわった。ヘーゲルが繰り返し主張した「奴隷が自らを解放する絶対的な権利」は、それ自体としては、マルクスにとってもやはり疑いえないものだったのである。翌一八六二年八月のディー・プレッセの記事では、彼は次のように書いている。

［合衆国議会の］第四の法律により、反徒［＝南部連合］の所有する奴隷はすべて、共和国［＝合衆国］軍の手中に帰したならば、ただちに解放されなければならないことになっている。現在はじめて施行されようとしているもう一つの法律は、これらの解放された黒人を戦闘部隊に編成して、南部との戦いに送り込むことができると規定している。リベリアおよびハイチの黒人共和国の独立は承認され、最後に奴隷貿易廃止のための条約がイギリス

とのあいだに締結された。／このようにして、戦運がいずれの有利に帰そうとも、黒人奴隷制が内戦後長く生き残りえないことは、いまや確定的になったということができる。[34]

解放された黒人奴隷が戦闘部隊に編成されて、南部の奴隷所有者との戦いに臨む。南北戦争では、まさに「奴隷が自らを解放する絶対的な権利」が戦闘という形で実際に行使されているのである。バック＝モースの言う、ヘーゲルがハイチ革命で感じた「革命の目撃という歴史的経験としての集合的熱狂」に近いものを、マルクスもまた南北戦争で感じていたかもしれない。この点でも、マルクスは明らかにヘーゲルと同じく、「奴隷が自らを解放する絶対的な権利」を擁護する立場に立っていたのである。

ちなみに、南北戦争へのマルクスの対応を詳細に検討したアメリカの社会学者ケヴィン・アンダーソンによれば、「マルクス主義の伝統においては、北部諸州が大資本によって支配されているにもかかわらず、マルクスが一貫して北部を支援していることに当惑する人々もいた[35]」という。しかし、そのような疑問に対しては、マルクス自身が『資本論』で次のように答えている。

北アメリカ合衆国では、奴隷制度が共和国の一部の外観を損ねていたあいだは、独立した労働運動はすべて麻痺状態にあった。黒い皮膚の労働［黒人奴隷］が焼き印を押されているところでは、白い皮膚の労働［白人賃金労働者］が解放されるわけがない。しかし、奴隷制度の死からは、たちまち一つの若返った生命が発芽した。南北戦争の第一の成果は、機関車という一歩七マイルの長靴で大西洋から太平洋までを、ニューイングランドからカリフォルニアまでを、またにかける八時間運動だった。[36]

黒人奴隷には「自らを解放する絶対的な権利」がある。これは、同時代の自由主義者も博愛主義者も認める「正当な」権利だった。それを主張することで「直接的奴隷制」の廃止に成功したならば、次は「間接的奴隷制」の番である。そして、ヘーゲルが一貫して奴隷自身の「自らを解放する絶対的な権利」を擁護したように、マルクスもまた、賃金労働者自身が「間接的奴隷制」に気づくことを解放の必要条件としていた。その第一歩が、長時間労働を不当なものとして拒否することだったのである。

マルクスは、『資本論』の先の文章に続けて、一八六六年八月にアメリカのボルティモアで開催された全国労働者大会が次のような宣言を採択したことを紹介している。

この国の労働を資本主義的奴隷制度から解放するために必要な現下最大の急務は、アメリカ連邦のすべての州で標準労働日を八時間とする法律の制定である。われわれは、この輝かしい成果に到達するまで、われわれの全力を尽くすことを決意した。[37]

労働者を「資本主義的奴隷制度 capitalist slavery」から解放すること、それが南北戦争後の、つまり奴隷解放後のアメリカの労働運動の課題だと、アメリカの労働者自身が宣言したのである。この全国労働者大会（national labor convention）で創設されたのが、「アメリカ全国労働組合 the National Labor Union」だった。労働者が「自らを解放する絶対的な権利」を自覚した瞬間である。

それでは、「イギリス本国における白人の間接的な奴隷制」はどうなるのだろうか。

4　強制労働と「自由な自己決定」

私たちは改めて問わなければならない。ヨーロッパにおける「自由な労働者」の労働をなぜ「間接的奴隷制」と呼ぶことができるのか。それはどのような意味で「間接的」なのか。『資本論』での用語に即して言えば、何が何を誰に対して「隠して」いるのか。

何が何を「隠して」いるのか。もちろん「自由な労働」という規定が「強制労働」の実態を隠蔽しているのである。そのことは、たとえばブレイにもわかっていたからこそ、彼は労働者の状態を「奴隷制」と表現したのだった。しかし、それだけでは「比喩」にすぎないと一蹴されるだけである。ヘーゲルの言葉を使えば、そのような労働そのものが労働者自身の「自由な意志」によって承諾されており、契約に基づいて「制限された時間の中で」行われているのだから「不正」ではない、ということになる。

しかし、少なくともイングランドの綿工業における「児童奴隷制」は、たんなる比喩ではなかった。マルクスは『資本論』で次のように説明している。

機械はまた資本関係の形式的な媒介すなわち労働者と資本家とのあいだの契約をも根底から変革する。商品交換の基礎の上では、資本家と労働者とが、自由な人として、独立な商品所持者として、一方は貨幣と生産手段の所持者、他方は労働力の所持者として、相対するということが、第一の前提だった。ところが、今では資本は未成年者または半成年者を買う。以前は、労働者は彼自身の労働力を売ったのであり、これを彼は形式的には自由な人として処分することができた。彼は今では妻子を売る。彼は奴隷商人になる。子供の労働に対する需要は、しばしば、形式から見ても、アメリカの新聞広告でよく見られたような黒人奴隷に対する需要に似ている。[38]

一九世紀のヨーロッパでは、子どもだけでなく、女性もまた契約主体としての十全な法的人格を認められていなかった。他の諸国に先駆けてイギリスで女性の財産所有権が法的に認められたのは、一八七〇年の「既婚女性財産法」によってである。『資本論』の執筆時点で、工場で働く未成年や女性は「形式的」にも自分の労働力を自分の「自由な意志」によって処分できる「自由な労働者」ではなかった。しかも、「工場」という生産システムそのものが「農場と工場の融合物」である植民地のプランテーションの逆輸入だったことは、すでに指摘した通りである。バック＝モースの言葉を借りれば、「マンチェスターの初期の工場を植民地システムの延長として理解するのは間違いではない。植民地のシステムが、今度は母国を侵略するのである」[39]。

それでは、成人男性労働者の場合はどうなのか。「形式的には自由な人」が「奴隷」と同じであるのは、スミスの言葉を使えば、第一に彼が「財産を取得できない人」だからである。マルクスは『経済学批判要綱』（一八五七〜一八五八年）で、資本のもとにある労働者と奴隷とを次のように対比させていた。

労働能力［＝労働者］が加工する原材料は他人の原材料であり、同様に用具も他人の用具である。労働能力が行う労働は、実体としての原材料・用具への付属物として現れるにすぎず、それゆえまた、労働能力には属さないもののなかに自己を対象化するのである。いやそれどころか、生きた労働そのものが――それは、生きた労働能力の行う労働であり、生きた労働能力自身の生命の発現であるのに――生きた労働能力に対立する他人のものとして現れる。というのは、生きた労働は、対象化された労働と引き換えに、労働そのものの生産物と引き換えに、資本に譲られてしまっているのだからである。（中略）労働能力が生産物を自分自身のものだと見抜くこと、そして自己の実現の諸条件からの分離を不埒《ふらち》な強制された分離だと判断すること、――これは並外れた意識であり、それ自身が資本にもとづく生産様式の産物である。そしてそれがこの生産様式の滅亡への前兆であるのは、ちょうど奴隷が、自分はだれか第三者の所有物であるはずがないのだ、という意識をもち、自分が人間であるという意識をもつようになると、奴隷制はもはや、かろうじてその人為的な定在を維持することしかできず、生産の土台として存続することができなくなってしまったのと同じである。[40]

ここで「不埒な」と訳されている〈ungehörig〉という言葉は、「不適当」あるいは「不相応」と訳すこともできる。労働者が自分の置かれた労働条件を、自分にはふさわしくない、不当なものと判断する、ということである。マルクスはそれを「並外れたenorm」意識、つまり「標準的規範norm」を超えた意識だというのである。そして彼は、たとえばハイチの黒人奴隷が「自分が人間であること」を自覚したのと同じように、資本主義社会の労働者が自らの所有剝奪状態を自分にふさわしくないものだと見抜く、そのような「並外れた意識」の成立そのものが、「資本にもとづく生産様式の滅亡への前兆」だというのである。

この文章は『要綱』「資本に関する章」の「資本の再生産と蓄積」節にあるが、マルクスはこの文章をほぼそのまま一八六一〜一八六三年の『経済学批判』草稿の末尾「いわゆる本源的蓄積」断片でも繰り返している。ただし、その際にマルクスは、この文章の後半部分の一部(中略のすぐ後)を次のように書き換えた。

> 労働能力が生産物を自分自身のものだと見抜くこと、そして自己の実現の諸条件からの分離を不公正[ein Unrecht]――強制関係[Zwangsverhältnisse]――だと判断すること、――これは並外れた意識であり、それ自身が資本主義的生産様式の産物である。[41]

ここでは、労働者が生産諸条件や生産物から分離されていること、この所有剝奪状態は、はっきり「一つの不正=強制関係」だと断言されているのである。そして、マルクスがこのように明確で強い表現に書き直したのは、南北戦争が勃発し、さらに解放された奴隷が南部の奴隷所有者との戦闘に参加することになった時期と重なっている。彼は、南北戦争の帰趨《きすう》を見据えながら、『資本論』に結実する『経済学批判』草稿を書き続けているのである。

先ほど引用した『経済学批判要綱』(および一八六一～一八六三年草稿)の文章に従えば、「自由な労働者」という言説が隠しているものとは、労働の諸条件も労働生産物も、それだけではなく「労働そのもの」(労働の意味や喜び)までもが労働者から奪われているという所有剝奪の状態であり、労働者が「直接的奴隷制」とは異なる形式で労働を「強制」されているという状態なのである。そのこと自体は、ブレイやプルードンなど初期社会主義者たちの共通認識でもあった。だから彼らは賃金労働者の状態を「奴隷制」と呼んだのである。

それに対して、マルクスがここで新たに付け加えた認識は、ヨーロッパの労働者たち自身がそのような「強制関係」の意味に気づいていない、ということだった。だから、それに気づくこと、自らの置かれた状態を「不正」だと見抜くこと、それ自体が「並外れた意識」なのであり、そのような自覚を獲得することこそが決定的だ、というのである。

この一八六一～一八六三年草稿では、マルクスは、労働者の「自由な自己決定という意識」に即しても、次のように述べている。

自由な自己決定の――自由の――意識は、一方〔自由な労働者〕を、他方〔奴隷〕に比べてはるかに良い労働者にする。責任感〔das Gefühl der responsibility〕もまたそうである。というのは、同じ種類の他の商品販売者たちによって押しのけられたくなければ、どんな商品販売者もそうであるように、彼は自分の供給する商品に対して責任を負い、ある一定の質をもった商品を供給しなければならないからである。奴隷と奴隷所有者との関係の連続性というのは、奴隷が直接的強制によって維持される、そのような関係のことである。これに反して、自由な労働者は自分で関係を維持しなければならない。というのは、労働者としての彼の存在は、彼が資本家への自分の労働能力の販売をたえず更新することにかかっているのだからである。[42]

つまり、自分が「自由な自己決定」をすることで現在の職を得て労働しているのであり、しかも、この職そのものが他の労働者との競争によっていつ失われるかわからない、という自覚と不安をもった「自由な労働者」は、そのことの結果として、強い「責任感」をもつ、というのである。ここでマルクスは、「責任 responsibility」という言葉を英語のままで使っている。おそらく、同時代のイギリスでこの言葉が広く使われていたことを反映するものだと思われる。現在の日本で「自己責任」という言葉が広く使われているのと同じように。

そして、責任感の強い「自由な労働者」は、「自分の供給する商品に対して責任を負い、ある一定の質をもった商品を供給しなければならない」と考えている、というのである。自分を磨くこと、自分自身を啓発して、さまざまな能力を高めること。しかし、「自由な労働者」がそうするのは、自分自身の生活が、あるいは生存が、「資本家への自分の労働能力の販売をたえず更新すること」に依存しているからにほかならない。

ちなみに『資本論』では、同じことが次のように説明されている。

社会的立場から見れば、労働者階級は、直接的労働過程の外でも、生命のない労働用具と同じに資本の付属物である。労働者階級の個人的消費でさえも、ある限界のなかでは、ただ資本の再生産過程の一契機でしかない。しかし、この過程は、このような自己意識のある生産用具が逃げてしまわないようにするために、彼らの生産物を絶えず一方の極の彼らから反対極の資本へと遠ざける。個人的消費は、一方では彼ら自身の維持と再生産が行われるようにし、他方では、生活手段をなくしてしまうことによって、彼らが絶えずくり返し労働市場に現れるようにする。ローマの奴隷は鎖によって、賃金労働者は見えない糸によって、その所有者につながれている。賃金労働者の独立という外観は、個々の雇い主が絶えず替わることによって、また契約という擬制によって、維持されるのである。[43]

労働者の賃金は「彼ら自身の維持と再生産が行われる」最低限の水準に保たれているため、彼らは日々の「個人的消費」によって「生活手段をなくしてしまう」。つまり彼は、スミスの言う意味で「財産を取得できない人」なので、生活を続けるためには「自由な自己決定」によって、雇用主と形式上は対等な「契約」を結ぶことによって、自分の労働力を労働市場で販売し続けることを「強制」されている。

しかしながら、そもそも「自由な自己決定」とは複数の選択肢があることを前提とするものであって、他の選択肢がないなら、それは「自由」ではない。奴隷が受けるのが暴力的な「直接的強制」だとすれば、「自由な労働者」は、雇用されて働く以外に選択肢がなく、失業したら生きていけない、という経済的な「間接的強制」を受けているのである。しかも、「自由な自己決定」の結果については、必然的に「自己責任」が問われることになる。

このような状態こそ「隠された奴隷制」なのである。そして、それは「隠された不正」にほかならない。しかし、それでは、そもそも「公正／不正」は何によって決まるのか。マルクスは、一八六三～一八六五年の『資本論』第三部草稿で、資本主義社会における「自然的公正 natural justice」と「取引の公正 die justice der transactions」という言葉を英語（混じり）で引用しながら、こう説明している。

ここで「自然的公正」について語ることは無意味である。生産当事者たちのあいだで行われる取引の公正は、これらの取引が生産関係から自然的帰結として生ずることにもとづいている。法律的諸形態では、これらの経済的取引は関与者たちの意志行為として現れ、彼らの共通の意志の発現として、また個々の当事者に対して国家によって強制されうる契約として現れるのであるが、このような法律的諸形態は、単なる形態として、この内容そのものを規定することはできない。このような形態はただこの内容を表現するだけである。この内容は、それが生産様式に対応し適合していさえすれば、公正［gerecht］なのである。生産様式と矛盾していれば、それは不公正［ungerecht］である。たとえば、奴隷を使うことは資本主義的生産様式の基礎の上では不公正である。[44]

ここでマルクスが示唆しているのは、「公正／不正」という判断そのものが「自然的」なものではなく、歴史的・社会的に制約されたものだ、ということである。かつてのカリブ海植民地やアメリカ合衆国南部諸州では、奴隷制が主要な生産様式であり、そこでは「奴隷を使うこと＝奴隷制 Sklaverei」は疑問の余地のない前提だった。そこで問題にされたのは、奴隷制のコストが高いか安いか、ということだけである。しかし、「自由な労働者」を雇用する生産様式が支配的になった社会では、奴隷制は「不正」だと意識されるようになり、「自由」の名のもとに奴隷貿易廃止や奴隷制廃止が主張されるようになるのである。

しかし、それは同時に、「自由な労働者」自身の意識を「取引の公正」という思想の内部に取り込むことでもあった。だからこそ、マルクスは、労働者を資本主義社会の「常識」から解き放つための言葉を発し続けた。一八六五年六月に開催されたロンドンの「国際労働者協会International Working Men's Association」の中央評議会での講演で、彼は英語で次のように発言している。

「公正な一日の労働にたいして公正な一日の賃金を！［A fair day's wage for a fair day's work!］」という保守的なモットーのかわりに、彼ら［労働者階級］はその旗に「賃金制度の廃止！［Abolition of the wages system!］」という革命的な合言葉を書き記すべきである。[45]

労働者自身が「賃金の引き上げ」ではなく、「賃金制度の廃止」を旗印とするにいたること、そのために必要なのが「並外れた意識」だったのである。そして、改めて確認しておきたいのだが、このようにして「隠された不正」を暴いてみせる文章は、一八六一～一八六三年草稿でその末尾に位置づけられ、『資本論』では第一巻の末尾に配置された「いわゆる本源的蓄積」

論の中で書かれていた。それはいったい何を意味するのか。「いわゆる本源的蓄積」とは、いったい何を課題とする議論だったのか。

5　「いわゆる本源的蓄積」論の意味

『資本論』におけるマルクス自身の証言によれば、「いわゆる本源的蓄積」とは「アダム・スミスのいう〈先行的蓄積 previous accumulation〉」のことであり、「本源的蓄積が経済学で演ずる役割は、原罪が神学で演ずる役割とだいたい同じ」だという。[46] これはいったいどういうことだろうか。

スミス自身は『国富論』の中で「貯えの蓄積 accumulation of stock」についてこう述べていた。

いったん貯えが個々人の手中に蓄積されてしまうと、彼らのうちのある者は自然にそれを勤勉な人びとを就業させるために使用するだろう。彼らがそれらの勤勉な人びとに原料と生活資料を供給するのは、それらの人びとの生産物を販売することによって（中略）利潤を得るためである。[47]

明らかにこれは、資本家と彼に雇われる労働者との関係がどのようにして成立したかを説明するための「物語」である。資本家は、一定数の労働者を雇用して生産を行わせるのに必要な「原料や生活資料」を用意するための多額の資金を現にもっていなければならない。だからスミスは、「貯えの蓄積は、ことの性質上、分業に先だっていなければならないのであり、したがって、先行する貯えの蓄積の増加に応じてのみ労働の細分化は増加しうる」[48]、と言う。資本の額に応じて企業の規模も拡大する、ということである。彼はさらに、「資本の蓄積についてOf the Accumulation of Capital」と題された章（第二編第三章）では、「勤勉ではなく節倹が、資本の増加の直接の原因」[49]だと述べている。

つまり、スミスによれば、禁欲的で節約家の独立生産者がまず「貯え」を「蓄積」し、次にそれを使って「勤勉な人びと」を雇用して分業に従事させることで、「貯え」が「資本」に転化するのである。このような資本家による「先行的蓄積」物語が隠蔽しているのは、そもそもその「禁欲的節約家」がどのようにして他の人びとを雇用できるほどの「貯え」を蓄積できたのか、他方では、他の「勤勉な人びと」がどのようにして自立的生活条件を失って雇用労働者とならざるをえなかったのか、という現実の歴史的過程である。

文化人類学が指摘するように、ものごとの実際の歴史的「起源」を隠蔽して別の「物語」を提示するのが「神話」だとすれば、このようなスミスの「先行的蓄積」物語も一つの「神話」である。だからマルクスはそれを「神学上の原罪」にたとえたのだった。ロビンソン・クルーソー的な独立生産者の勤勉と節約が「資本」の「起源」だとする「神話」を解体すること、それが「いわゆる本源的蓄積」論の課題だったのである。

マルクスは、アメリカ南北戦争の最中の一八六二年二月にディー・プレッセに寄稿した論説で、すでに次のように書いていた。

リヴァプールの商業上の隆盛は、奴隷貿易に由来している。リヴァプールがイギリスの詩文学を豊かにした唯一の貢献は、奴隷貿易の頌歌《しょうか》である。五〇年前にウィルバーフォースがリヴァプールの土をふむには、生命の危険をともなった。前世紀に奴隷貿易がそうであったように、今世紀にあっては奴隷制の産物——綿花——の貿易が、リヴァプールの隆盛の物質的基礎をなしている。だからリヴァプールが、イギリスにおける分離派［＝アメリカ南部連合］の味方の中心地だとしても、すこしも驚くにあたらない[50]。

マルクスが名前を挙げているウィリアム・ウィルバーフォース（一七五九〜一八三三）はイギリスの政治家で、第二章第2節で紹介したトマス・クラークスンの影響を受けて奴隷貿易廃止運動に加わり、下院議員として奴隷貿易廃止法案を議会に提出した人物である。マルクスによれば、かつて奴隷貿易で栄えたリヴァプールの商人たちが奴隷貿易廃止運動に暴力的に敵対したのと同じように、現在の綿花輸入で財をなしたリヴァプールの資本家たちは、南北戦争に関しては、奴隷制プランテーションの存続を願って南部連合を支援している、というのである。そして『資本論』の「いわゆる本源的蓄積」章では、マルクスはこう繰り返している。

イギリスは、一七四三年まで毎年四八〇〇人の黒人をスペイン領アメリカに供給する権利を手に入れた。これは同時にイギリスの密貿易を公認のものに見せかける仮面を与えた。リヴァプールは奴隷貿易の基礎の上で大きく成長した。奴隷貿易は、本源的蓄積のリヴァプール的方法をなしている。[51]

「本源的蓄積のリヴァプール的方法」！　リヴァプールの資本家たちは、スミスが言うような「節倹」によって資本を蓄積したのではない。そして彼らの資本蓄積はマンチェスターの綿工業の成長と密接に結びついている。実は、いま引用したこの文章のすぐ後に、本書で何度か引用した「綿工業はイングランドには児童奴隷制を持ちこんだ」で始まる「隠された奴隷制」批判が続くのである。そして、さらにそれに直接続くのが次の文章だった。

資本主義的生産様式の「永遠の自然法則」を解き放ち、労働者と労働諸条件との分離過程を完成し、一方の極では社会の生産手段と生活手段を資本に転化させ、反対の極では民衆を賃金労働者に、自由な「労働貧民」に、この近代史の芸術作品に、転化させるということは、「こんなにも骨の折れることだった」〔古代ローマの詩人ウェルギリウスの作品『アイネーイス』からの引用〕のである。もしも貨幣は、オジェ〔フランスのジャーナリスト〕の言うように、「ほおに血のあざをつけてこの世に生まれてくる」のだとすれば、資本は、頭から爪先まで毛穴という毛穴から血と汚物をしたたらせながら生まれてくるのである。[52]

マルクスはここで「労働貧民 arbeitende Arme」という言葉をカッコに入れて使っているが、これが『国富論』でスミス自身が何度も書き記した「労働貧民 labouring poor」のドイツ語訳であることは明らかだろう。スミスの言う「勤勉な人びと industrious people」は、資本家に雇用されて働くことで「自由な労働貧民」に転化させられるのである。

このように資本家を善意の「節倹」家として描き、賃金労働者を「自由な労働者」「勤勉な人びと」として描く自由主義的「神話」は、他方では、奴隷制を「不正」だと明言していた。それに対して、「資本主義的生産様式の基礎の上」では、問題になるのは「取引の公正」だった。そこでは「自由な労働者」自身が労働力という「商品」の所持者として、自分の労働力を「一定の時間を限って」販売する「取引」の主体となる。だから、スミスは『国富論』で次のように書いていた。

いったん分業が完全に確立してしまうと、人が自分自身の労働の生産物で充足できるのは、(中略)彼自身の労働の生産物のうちで彼自身の消費を超える余剰部分を、他人の労働の生産物のうちで彼が必要とする部分と交換することによってである。こうしてだれもが交換することによって生活するのであり、いいかえれば、ある程度商人となるのであり、社会そのものが商業的社会と呼ぶのが当然なものになるに至るのである。[53]

スミスにとって、奴隷は「財産を取得できない人」であるのに対して、「自由な労働者」は「ある程度商人となる」。自分を労働力という「商品」の保持者と見なし、「自由な自己決定」によって自らの「商品価値」を高めることに努力し、他方ではことあるごとに「自己責任」を問われ続ける「商人」としての賃金労働者。そのような「商人」意識を内面化してしまった労働者こそ、マルクスの説得対象なのである。

それに対して、生産諸条件の所有を剝奪された「自由な労働者」が、一方で、カリブ海やアメリカの黒人奴隷制の実態を知ってそれと我が身を引き比べ、他方で、生産者が同時に所有者でもあった生産様式が歴史的にさまざまな形態で世界各地に存在していたことを知ることができれば、自分の置かれている状態が「奴隷制」に等しいことに気づき、それは「不正」だと考えることができるはずである。それこそが、資本主義社会の「標準的な社会規範」である「自由な自己決定」とそれに対応する「自己責任」というイデオロギーから解放された「並外れた意識」であった。

だからこそ、マルクスは『資本論』でも、資本主義の支柱の一つだった同時代のアメリカの黒人奴隷制の実態と「自由な労働」との同一性を繰り返し強調したのである。

名前が違うだけで、ひとごとではないのだ！　奴隷貿易を労働市場と書き換え、ケンタッキーやヴァージニアをアイルランドと、またイングランドやスコットランドやウェールズの農業地方と書き換え、アフリカをドイツと書き換えて読んでみよ！　われわれは、どんなに過度労働がロンドンの製パン工をかたづけてしまうかを聞いたが、それでもなお、ロンドンの労働市場はドイツ人やその他の命がけの製パン業志願者であふれているのである。[54]

そして、それと同時にマルクスは、労働者が賃金を受け取ることによって自分自身の「奴隷制」が見えなくなること、つまり、賃金が「奴隷制」を「覆い隠す」仕組みをも、繰り返し強調するのである。

奴隷労働では、労働日のうち奴隷が彼自身の生活手段の価値を補塡するだけの部分、つまり彼が事実上自分のために労働する部分さえも、彼の主人のための労働として現れる。彼のすべての労働が不払い労働として現れる。賃労働では、反対に、剰余労働または不払い労働でさえも、支払われるものとして現れる。前の方の場合には奴隷が自分のために労働することを所有関係が覆い隠す［verbergen］のであり、後の方の場合には賃金労働者が無償で労働することを貨幣関係が覆い隠すのである。[55]

賃金労働者にとっては、賃金が実際には「労働力の価値」（＝自分自身の生存の再生産に必要な水準の生活手段の商品価格）によって決まっているにもかかわらず、それが「一定の時間を限って」提供した「労働」そのものに対する対価であるかのように見えることによって、「無償労働」の搾取が「覆い隠されている」ということである。

このように見てくれれば、『資本論』第一巻の末尾に「いわゆる本源的蓄積」論が位置していること、そしてそこではじめて「隠された奴隷制」という言葉が使われていることの意味はもう明らかだろう。

この書は、「法律上では平等な人」同士の契約という自由主義的な法学と経済学の前提から出発しながら、労働者が雇用された後に工場の門の中に分け入って「資本の下への労働の実質的包摂」と「搾取」の実態を明らかにする。また資本の蓄積過程においては、資本家の「自己労働に基づく所有」が（たとえ実際にあったとしても）、資本関係そのものの再生産の反復によって、それが「他人労働の搾取に基づく他人労働の取得」へと転回していることを論証する。そして、最後に、そもそもの前提とされていた自己労働と節約に基づく「先行的蓄積」それ自体が「神話」にすぎないことを明らかにする。

もう一度確認しよう。資本主義的生産様式の構造を解明するにとどまらず、資本主義的生産様式を「公正な」ものとして正当化する自由主義的「神話」そのものを解体すること、自由主義イデオロギーから労働者を解放して、彼らが「並外れた意識」を獲得するのを助けること、それこそがマルクスの「経済学批判」の課題だったのである。

最後に、『資本論』以後のマルクスに触れてこの章を終えることにしたい。『資本論』第一巻を出版した後、マルクスは「隠された奴隷制」という言葉をもう使わない。彼は賃金労働を形容詞なしの奴隷制として表現するようになるのである。そして、賃金労働者の奴隷制に取って代わるシステムとして主張されるのが、「自由な協同的労働」あるいは「協同組合的生産」だった。一八七一年のパリコミューンに際して「国際労働者協会総評議会の呼びかけ」として起草された「フランスの内乱」の第一草稿に、彼はこう書き記している。

労働者階級は、彼らが階級闘争のさまざまな局面を経過しなければならないことを知っている。労働の奴隷制［the slavery of labour］の経済的諸条件を、自由な協同労働［free and associated labour］の諸条件とおきかえることは、時間を要する漸進的な仕事でしかありえないこと（この経済的改造）、そのためには、分配の変更だけでなく、生産の新しい組織が必要であること、あるいはむしろ、現在の組織された労働に基づく社会的生産諸形態（現在の工業によって生み出された）を、奴隷制の枷《かせ》から、その現在の階級的性格から救い出して（解放して）、全国的および国際的に調和ある仕方で結合する必要があることを、彼らは知っている。[56]

さらに一八七五年の『ドイツ労働者党綱領評注』（いわゆる『ゴータ綱領批判』）では、マルクスは、「賃労働制度とはひとつの奴隷制度であり、しかも労働者の受ける支払いがいいか悪いかとにはかかわりなく、労働の社会的生産諸力の発展につれてますます苛酷なものになってゆく奴隷制度である」[57]ことを指摘したうえで、「労働者たちが協同組合的生産［die genossenschaftliche

Produktion］の諸条件を社会的な規模で、まず自国に国民的な規模でつくりだそうとすることは、彼らが現在の生産諸条件の変革をめざして働くということにほかならず、国家補助をうけて協同組合を設立することとはなんの共通点もない」[58]と指摘した。

そのうえでマルクスは、「ドイツ社会主義労働者党」という名前で結成されることになる労働者党の綱領草案が「賃金鉄則」（平均賃金が生存水準の最低限にまでたえず引き下げられるという経済法則）という言葉を使っているために、「労働者の受ける支払いがいいか悪いか」を問題にしているかのように誤解される可能性があることを厳しく指摘して、次のようなコメントを加えた。

それはちょうど、奴隷制の秘密を見破ってついに反乱にたちあがった奴隷たちのなかで、時代遅れの考えにまだとらわれているひとりの奴隷が、反乱の綱領にこう書くようなものである。――奴隷制は廃止されなければならない、なぜなら、奴隷制度のもとでは奴隷を養う費用は低くきめられたある限界をこえることができないからだ！と。[59]

奴隷制は人間の「人格性」とその「自由」を侵害する制度であり、奴隷には「自らを解放する絶対的な権利」がある、とヘーゲルは述べた。それに対して、マルクスは、「自由な労働者」

が現実には「自由な自己決定」を行っていないこと、そして生産の諸条件や生産物の所有から排除されていて「財産を取得できる人」ではないことを指摘して、スミスやヘーゲルに代表される「自由な労働」という「神話」を批判した。さらに、「自由な協同的労働」あるいは「協同組合的生産」という来たるべき生産様式の基礎の上に立ってみれば、賃金労働者を雇用して搾取することは「不正」だ、という論理で、資本主義的生産様式を批判したのである。

このように考えれば、つまり、これから実現されるべき新しい生産様式を思想の上で先取りして考えれば、やはり「資本主義は不正」なのであり、したがって「隠された奴隷制」のもとにある賃金労働者にも、かつての奴隷と同じように「自らを解放する絶対的な権利」がある。これが、マルクスが「奴隷制」という言葉を使うことによって「自由な労働者」に伝えようとしたメッセージだったのである。

第五章　新しいヴェール——新自由主義

1　新自由主義的反革命

マルクスが「隠された奴隷制」のヴェールをはぎ取ろうとしてから、すでに一五〇年が経過した。その間、労働者たちは、そして私たちは「並外れた意識」を内面化することができたのだろうか。「賃金制度の廃止」を要求することができただろうか。

現実はむしろ逆行している。資本主義がグローバル化して地球の隅々を覆い尽くそうとしている現在、私たちはスミスの言う「商人」どころか、意識の上では「資本家」になってしまい、自分自身の労働力をたんなる「商品」を超えて「人的資本」だとさえ見なすようになっている。つまり、自分自身の労働能力が、未来の利益を生み出す「投資」の対象であるかのように論じられている。本当にそれが「資本」ならば、自分では働かなくても利潤や利子をもたらしてくれるはずなのに、少なくとも日本における労働者の実質的な拘束労働時間は、「八時間運動」がいまだに切実な要求になるほどの長時間だ。

いったいこの間に何が起きたのか。二〇世紀の前半に生じたのは、一つは「マルクス主義」の旗印を掲げて「社会主義」を自称した国家群の成立であり、もう一つは、「社会主義」国家群と敵対しながらも、まさに「社会主義」に対抗するためにこそ、その圧力を受けて資本主義諸国で導入された「福祉国家」的社会保障政策の展開である。それに対して、二〇世紀の後半に起きたのは、「社会主義」国家群の経済的・政治的な行き詰まりと崩壊であり、それを横目で見ながら一九八〇年代以降に開始された、主要資本主義諸国における「福祉国家」政策の撤回である。後者を指して「新自由主義的反革命」と呼んだのは、イギリス出身の経済地理学者デヴィッド・ハーヴェイだった。

ハーヴェイは、「新自由主義」を次のように定義している。

新自由主義とは何よりも、強力な私的所有権、自由市場、自由貿易を特徴とする制度的枠組みの範囲内で個々人の企業活動の自由とその能力とが無制約に発揮されることによって人類の富と福利が最も増大する、と主張する政治経済的実践の理論である。国家の役割は、こうした実践にふさわしい制度的枠組みを創出し維持することである。たとえば国家は、通貨の品質と信頼性を守らなければならない。また国家は、私的所有権を保護し、市場の適正な働きを、必要とあらば実力を用いてでも保障するために、軍事的、防衛的、警察的、法的な仕組みや機能をつくりあげなければならない。さらに市場が存在しない場合には（たとえば、土地、水、教育、医療、社会保障、環境汚染といった領域）、市場そのものを創出しなければならない——必要とあらば国家の行為によってでも。だが国家はこうした任務以上のことをしてはならない。[1]

よく知られているように、新自由主義的政策を実行に移したのは、一九七九年にイギリス初の女性首相となったマーガレット・サッチャー（一九二五〜二〇一三）の保守党政権であり、一九八一年にアメリカ大統領に就任したロナルド・レーガン（一九一一〜二〇〇四）の共和党政権だった。日本では、一九八二年に首相に就任した中曽根康弘（一九一八〜）の自由民主党政権によって、同じような新自由主義的政策が推進された。

このような諸国の新自由主義的政策に共通する特徴を、ハーヴェイは「官民パートナーシップ」と「ガヴァナンス」という言葉で説明している。「ビジネス界と企業は、政府関係者と密接に協力するだけでなく、法案の作成や公共政策の決定、規制の枠組みの設定において（いずれも自分たちに有利になるよう）強力な役割を果たしている。閉鎖的で時に密室の会合を通じて企業家や場合によっては専門家を統治に組み込むというパターンが登場する」[2]ということである。

企業と国家、資本家と政治家との密接な協力関係が強化されていく中で、企業の営利活動の自由を保障するさまざまな法律が制定され、公共政策が決定されていく。公共企業の民営化や法人税減税などである。日本では、一九八〇年代の中曽根政権の下で行政改革や日本専売公社の解散と日本電信電話公社の民営化（一九八五年）、日本国有鉄道の分割民営化（一九八七年）などが行われた。一九四七年以来職業安定法によって禁止されていた人材派遣ビジネスを解禁する労働者派遣法がはじめて作られたのも、中曽根政権下の一九八五年（施行は翌年）のことだった。そうすると、労働者はどうなるのか。ハーヴェイはアメリカの例に即して次のように述べている。

アメリカに関して特異なことは、過去三〇年間かそこらになってはじめて、労働者は生産性上昇から利益を得ることができなくなったことである。資本家階級はこの利益のほとんどすべてを領有した。これこそ、新自由主義的反革命の何たるかの核心に位置することであり、それがケインズ主義的福祉国家期と決定的に異なる点なのである。ケインズ主義の時代においては、生産性上昇から得られる利益はより均等に資本と労働とのあいだで分割される傾向にあった。新自由主義的反革命の結果として、各種資料で実証されているように、新自由主義的路線に従ったすべての国で社会的不平等の水準が途方もなく増大した。[3]

賃金上昇の停止、あるいはむしろ低下。社会的不平等の増大、格差の拡大、労働条件の悪化、搾取のための労働様式の多様化。ハーヴェイによれば、「搾取工場［sweat shop］や家族労働制度の復活、問屋制度、下請け制度、等々はこの四〇年間におけるグローバルな新自由主義的資本主義の顕著な特徴であった」[4]。

新自由主義的政策によって労働者の身の回りに起きた大きな変化を、ハーヴェイは「略奪による蓄積」という言葉で表現している。「略奪 dispossession」とは文字通り労働者の「所有＝財産 possession」を否定して奪い取ること、つまり所有剝奪の強化である。

「略奪による蓄積」は、グローバル・システムの全体を通じて拡大し深化したのと同時に、資本主義の中核地域においてもますます内部化されていった。われわれは、本源的蓄積（中国の場合にはそのようにみなすのが合理的かもしれない）ないし「略奪による蓄積」（中核地域における私有化／民営化の波を通じて起こったもの）を単に資本主義の前史に関わるものとみなすべきではない。それはずっと継続しており、昨今においてはますます重要な要素として復活している。それは、階級権力を強化するようグローバル資本主義が機能するのを可能にしている。そして、それはあらゆるものを――土地や生計手段にアクセスする権利を奪うことから、労働運動による激しい階級闘争を通じて過去に苦労して獲得されたさまざまな諸権利（たとえば年金、教育、医療）を切り縮めることに至るまでを――含みうる。[5]

マルクスが『経済学批判』草稿や『資本論』で繰り返し強調していたのは、労働者が働く場も、労働者が使用する道具や機械も、労働者が生産した商品も、すべて労働者自身の所有物ではなく、労働者の労働そのものからも労働の意味が、つまり労働の主体性や達成感が奪われている、という事態だった。それをマルクスは「奴隷制」と見なしたのである。

ハーヴェイが「略奪」という言葉で表現しているのは、そのような「土地や生計手段にアクセスする権利」だけでなく、それらにさらに付け加えて、これまでの労働運動を通して獲得された「年金、教育、医療」などの社会保障制度が縮小され、奪われてきた、という事態である。それによって資本主義企業は社会保障関連支出を節約し、人件費を節約することで利潤を確保して、業績を好転させてきた。これが、一九八〇年代以降、イギリス、アメリカ、日本で「財政再建」あるいは「構造改革」という名前の下で進行してきた、「ケインズ主義的福祉国家」から新自由主義への転換の「成果」なのである。

ハーヴェイが繰り返し強調するのは、そのような意味での「略奪」の強化であり、それへの対抗の必要性なのである。

既得権（たとえば年金権、医療、無償教育、または十分な社会的賃金を支える適切なサービス）を奪い返すことが、露骨な略奪の様相を呈してきたが、それは新自由主義の下で合理化され、今では、財政再建の名の下に実施される緊縮財政政策を通じて強化されつつある。したがって階級闘争にとっては、この「略奪による蓄積」に対抗する組織をつくりだし（たとえば反緊縮運動を形成すること）、より安価でもっと実質のある住宅や教育、医療、社会サービスに対するさまざまな要望を実現しようとすることは、労働市場や職場において搾取に反対して闘うのと同じくらい重要なのである。[6]

そのような国家と資本の側からの「略奪による蓄積」の強化という事態を、言い換えれば「奴隷制」の強化という事態を、私たちはどれくらい自覚しているだろうか。私たちが十分な自覚をもたないままに、そのような事態を耐え忍んでいるのだとしたら、その自覚を「隠して」いるのは、どのようなヴェールなのだろうか。

2 「自立」と「自己責任」

改めて日本における新自由主義の歴史を振り返ってみることから始めよう。その出発点に位置するのは、イギリスでサッチャー政権が誕生してから三ヵ月後の一九七九年八月に政府が閣議決定して発表された「『新経済社会七カ年計画』について」である。当時の首相は大平正芳（一九一〇〜一九八〇）だった。

この文書はまず、「計画のねらいと役割」と題した冒頭部分で、「我が国は、自由な競争を基本原理とした市場経済を基調としており、積極的な企業家精神に基づく企業の自主的な活動こそが経済社会の発展にとって不可欠である」ことを確認する。そのうえで、「国民生活の充実」のために欠かせないのは、「個人、家庭、企業の自主的な活動や地域的、社会的連帯」だという。[7]なぜなら、「高度経済成長」が減速してきたという状況の中で「今後は成長経済の内容の質的転換と各種の制約条件の克服を促す方向」[8]に向かわなければならないからである。

ここでは、すでに福祉国家からの決別が、「ヴェールに覆い隠された」言い方で表現されている。日本に限らないが、新自由主義の話法はけっして「あからさま」ではない。

この文書がまず強調するのは、住宅や生活関連社会資本の整備、社会保障の充実、教育文化施策の充実等の国民の公共に対するニーズを従来どおりのやり方で充足することはできない、ということである。

だから、高度成長下の行財政を見直して、「新しい福祉社会」への道を追求しなければならない、というのだが、福祉国家に代わる「新しい福祉社会」が必要なのは、これまで通りの社会福祉政策では「経済社会の非効率をもたらすおそれがある」からだという。先に出てきた言葉を使えば、「積極的な企業家精神に基づく企業の自主的な活動」が阻害されるからだということになるだろう。そのために要請されるのが、「個人の自助努力」[9]なのである。

また、この文書は「規制緩和」についてもすでに言及している。各種規制制度の見直しが必要なのは、「企業体の合理化に資する」ためであり、「極力競争を阻害することのないよう」にするためである。[10]

このような中で、改めて「個人の自立心」が強調される。「新しい日本型福祉社会の創造」には、それが欠かせないのである。重要なのは、あくまでも、「自由経済社会のもつ創造的活力を生かして国民生活の向上を図ること」であり、そのために「個人の自立心と家庭の安定が基礎となって、その上に近隣社会等を中心に連帯の輪が形成」される必要がある、というのである。[11]

普通の「国民一人一人」に求められたのは、「勤労意欲の強さ」（アダム・スミスが強調した「自由な労働者」の「勤勉さ」）であり、「個人の自立心」（縮小される社会福祉への個人的対応）だった。この「計画」は、こうも述べている。「人びとの生活の安定は、一般的には個人の自助努力に加えて、家族の相互扶助、さらには近隣社会をはじめとする社会連帯などのあたたかい人間関係のもとに築き上げられるものであろう」。[12]

こうしてこの文書は「個人の自助努力」と「個人の自立心」を繰り返し強調するが、「自己責任」という言葉はまだ使われていない。ただし、「個人、家庭、企業などが責任を負うべき範囲、民間部門の創意や活力に委ねるべき領域を極力明確化し、安易な財政依存を排する」[13]という表現で、「個人の責任」という言葉は出現している。社会保障が縮小される中で、「勤労意欲」が強くない人、「自立心」や「自助努力」が足りない人は、その結果に対して「責任を負う」ことになるのである。

これが、日本の政府によって表明された新自由主義政策の出発点だった。ここからわかるのは、「個人の自立心」や「自助努力」、それに対応する「個人の責任」といったキーワードが、奴隷制を覆い隠す「新しいヴェール」として使われ始めていることである。このような言い回しは、「社会主義」国家群が体制転換し、グローバリゼーションが唱えられるようになった一九九〇年代に、より決定的なものになる。「自己責任論」の登場である。

編集者としての経歴をもつ菊地史彦の証言によれば、「本来の自己責任は、投資リスクに関する特定領域で通用する観念であって、ある時期までは、人口に膾炙《かいしゃ》した言葉ではなかった。バブルの崩壊で、大量のアマチュア投資家が資産を失った九〇年代初頭、彼らの失敗をたしなめるために、この言葉がメディアに頻出するようになったと私は記憶している[14]」。

それが変化するのは、一九九〇年代後半である。バブルの崩壊とともに、後に「失われた一〇年」と呼ばれる時代に入ることになるが、一九九三年頃からは「就職氷河期」が始まり、それに追い打ちをかけるように、一九九五年一月には阪神・淡路大震災が、三月には地下鉄サリン事件が起きた。

とまれ、九〇年代後半に、日本社会は構造的に変容を遂げた。変容に際して、我々は「努力してもよりよい明日を手に入れることができるわけではない」という苦い事実を呑《の》み込まざるをえなくなった。このシニカルな認識は――大人の苦い常識として――常に伏在していたが、日本人が真正面から向きあったのは、はじめてだった。／「自己責任論」が新自由主義に連れられて来たのはこの時である。[15]

このとき、この「自己責任論」を連れてきた新自由主義を代表する典型的な例が、一九九七年三月に経済同友会が発表した提言「こうして日本を変える――日本経済の仕組みを変える具体策」だった。

この提言を作成したのは経済同友会の経済政策委員会であり、その委員長は富士ゼロックス取締役会長だった小林陽太郎（一九三三〜二〇一五）である。この提言は、「構造改革」や「市民社会」など、一九六〇年代から七〇年代にかけて左翼系ないしリベラル系の論者によって使われた言葉を多用しながら、個人の「自己責任」を繰り返し強調するものだった。この提言は、冒頭でこう宣言している。

われわれの構造改革の目標は、一口で言えば一〇～一五年後に、日本をわれわれ自身にとって、そして世界から見ても魅力的な国にすることである。そのためには、内外の人々や企業が自己責任に基づいて、豊かに安心して生活し、のびのびと活動できる環境を用意しなければならない。[16]

それに続けて、この提言はそのような社会の「イメージ」を次のように描いている。「国民は一人ひとりがパブリックマインド（誰もが、社会の一員として、社会をよりよくする責任を負っているという意識）を共有し、政治には民意が的確に反映されている。そうした国民のチェックの下で、小さな政府が、公正かつ効率的な行政運営を行っている。（中略）市場参加者は、企業・個人を問わず、的確かつわかりやすく開示された情報をもとに、自己責任原則に基づいて、経済活動を行っている[17]」。

読者は、これだけの短い文章の中に「自己責任」「責任」という言葉がたたみかけるように使われていることに強い印象を受けたはずである。このような「イメージ」は、執筆者の次のような現状認識に基づくものだった。「わが国では、規制によって保護された企業・個人と規制を企画・運用する行政部門が既得権益に固執し、改革の急速な進展を阻んでおり、改革が遅々として進まない。わが国がこのまま旧システムを改革できずにいるならば、間違いなく、グローバル市場の中で取り残されていくことになる[18]」というのである。

つまり、労働基準法をはじめとする保護規定によって「保護された個人」から、その保護を剝奪すること、それが「規制緩和」「構造改革」といった言葉で語られているのである。ここでは「規制によって保護された企業」という表現も見られるが、本当に言いたいのは、行政指導が「独自の創意・工夫に基づく個人や企業の自由な経済活動を阻害してきた[19]」ということである。

この提言は、「企業・個人」あるいは「個人や企業」など、個人と企業を並べることが多いが、言いたいことは意外に「隠し立てのない」ものだと思う。ここで言われているのは、明らかに「企業の自由な経済活動」の確保にある。要するに、これまで規制によって「保護された個人」からは保護をはぎ取ること、規制によって「自由な経済活動」を阻害されてきた企業に対しては規制を緩和し、あるいは撤廃すること、それが、ここで経済同友会が求めていることである。そのような改革は、普通の労働者にとって、つまりこの文書の言う「国民一人ひとり」にとっては、何を意味するのか。

企業が「グローバル市場の中で、強い競争力を保っていける」ようにするためには、労働者は「自力で活路を見出すしかない」。そして「それに伴うリスクと結果に対する責任」は自分で負うしかないのである。[20]さらに、この文書の冒頭に出てきた「パブリックマインド」については、改めて次のように説明されている。

利己的な利益追求のみが行われたり、個人の権利の主張のみが行われる状況の中では市民社会はうまく機能しない。市民社会を成り立たせるための不可欠な要件がパブリックマインドの存在である。パブリックマインドは、官・民という対立概念を越えるものであり、互いに協力し合ってよりよい社会をつくっていく上で、官庁・民間企業・消費者などの立場に関わりなく、国民の誰もが身につけていなければならない根源的な社会意識である。これを前提としなければ、透明性の高いルールと自己責任原則に基づく自由競争社会の健全な発展はありえない。[21]

またもや「自己責任」である。「個人の権利の主張」は否定的に捉え直され、「自己責任原則に基づく自由競争社会」が強調される。労働者は、これからは国家が提供する社会福祉にも、企業の福利厚生にも頼ることなく、さらには労働組合のような連帯組織にも頼ることなく、「自立」して「自助努力」を行い、その結果に対して「自己責任」を負いながら、労働市場において他の労働者との苛酷なイス取りゲームに加わらなければならない。それが、経済同友会が「イメージ」として描く「市民社会」なのである。[22]

このような「構造改革」が行われる結果として出現する「痛み」についても、この提言は冷静に（冷酷に）予測している。

構造改革を実行に移せば、超過利得の喪失、競争激化、労働強化、自己責任を問われる、といった多くの種類の痛みが発生することが予想される。（中略）とくに、雇用喪失の痛みについては、国のサポートが必要であると考えられる。たとえば横断的労働市場の形成など、各人の能力に合った職場に移りやすくし、各人の自助努力で失業問題を解決できるようにするための基盤整備を行うこと等は国がそのコストを負担すべきである。[23]

労働者にとっての「労働強化」も「雇用喪失」も想定内のことにすぎない。これに関しては「国のサポート」が要請されるが、しかし、それも「各人の自助努力で失業問題を解決できるようにするための基盤整備」に限定されている。「労働強化」にしても「失業問題」にしても、それに対応し、解決するのは「各人の自助努力」なのである。

それでは、そもそも「構造改革」がなぜ必要なのか。それにはどのようなメリットがあるのか。この文書の「おわりに」で明らかにされた言葉には「隠し立て」がない。

日本経済の仕組みを変える努力に加えて、今、重要なことは、構造改革をわれわれ企業経営者自身のビジネスチャンスとして、前向きにとらえることである。／「規制緩和は戦後最大のビジネスチャンス」との言葉がある。規制緩和をはじめ構造改革を実現すれば、経済活動の自由度は一気に広がり、新たな可能性が大きく開ける。われわれは、その日に備えて直ちに準備活動に入りたい。[24]

労働者から「保護」をはぎ取って社会保障を縮小し、「労働強化」も「失業」も労働者の「自助努力」に任せることによって、企業は社会保険関連の支出を減らしてコストを節約する。それと同時に、企業経営者にとっての「企業活動の自由度」を一気に広げて「ビジネスチャンス」を拡大する。それが、日本の企業経営者の願望だったのである。この提言からすでに二〇年が経過して、私たちの社会はこの提言が思い描いた「イメージ」に限りなく近づいた。ハーヴェイが「新自由主義的反革命」と名づけ、「略奪による蓄積」と呼んだのは、まさにこのような思想であり事態だったのである。

実際に二一世紀に入る頃から始まったのが、政府による「自立支援」政策だった。これは、生活の保護（社会福祉＝ウェルフェア）ではなく、「自立支援」の名のもとに低賃金労働に従事させる政策であり、アメリカの「就労促進＝ワークフェア」の日本版である。

まずは二〇〇〇年に「ホームレス自立支援事業」が始まり、二〇〇二年には「ホームレス自立支援法」が制定された。彼らは生活保護などに「依存」していないのに、である。同じ二〇〇二年には「児童扶養手当法」と「母子及び寡婦福祉法（現・母子及び父子並びに寡婦福祉法）」が改正された。「母子家庭等に対するきめ細かな福祉サービスの展開と自立支援」を目的とし、自治体による「母子家庭等自立支援事業」を推進するためである。さらに二〇〇五年には「生活保護受給者等就労支援事業」が始まる。これも、所得保障を就労で置き換えることを念頭に置いたものである。そして、二〇〇六年には「障害者自立支援法（現・障害者総合支援法）」が施行される。障害に関わる医療費の自己負担比率を五パーセントから一〇パーセントに倍増するという「鞭《むち》」を振るうことで、「働く意欲と能力のある障害者が企業などで働けるよう」就労支援を強化するというのである。二〇〇七年四月からは、生活保護費の母子加算も段階的に廃止されることになった。

このような「日本版ワークフェア」と「本家ワークフェア」との違いについて、経済学者の山森亮は次のように指摘している。

第一に、イギリスやアメリカではワークフェアは所得保障の縮小や条件強化といった「鞭」だけではなく、給付型税額控除などの「飴《あめ》」を伴っているのに、日本にはそうした飴が全くないことである。第二に、イギリスやアメリカではそもそも、労働可能な福祉受給者を労働市場へ戻すということを念頭においていた。ところが日本では前述の事情「生活保護の捕捉率が約二〇パーセントと低く、社会のセーフティーネットとしては機能不全に陥っていること」で、労働可能な人はそもそも福祉からほとんど排除されてしまっている。例えばワークフェア論者たちの主要なターゲットである母子世帯は、日本の場合、すでにその多くは働いているのである。[25]

この生活保護の捕捉率、つまり「保護基準以下で暮らす人びとに占める社会扶助受給者の割合」については、日本政府はその数値を公表していないが、その後の山森自身の補足によれば、「二〇一〇年に公表された（二〇〇四年の統計に基づく）データによると、一五・三％[26]」とのことである。この数値の低さそのものが、「個人の自立心」と「自助努力」、「自己責任」という思想の浸透度の高さを表現していると言っていいだろう。

3 「人的資本」

以上のように「個人の自立心」と「自己責任」を強調する新自由主義の思想と重なり合いながら、それに適合するものとして広く使われるようになったのが、「人的資本＝ヒューマンキャピタル」という考え方だった。その出発点は、アメリカの経済学者ゲイリー・スタンリー・ベッカー（一九三〇〜二〇一四）の著書『人的資本――教育を中心とした理論的・経験的分析』に遡る。この本が出版されたのは一九六四年だが、その後一九七五年に第二版、一九九三年に第三版と版を重ねた。

ベッカーは一九九二年に「非市場における行動を含めた広範にわたる人の行動と相互作用のミクロ経済学分析の応用」を理由としてノーベル経済学賞を受賞しており、さらに二〇〇〇年にビル・クリントン大統領から「国家科学賞 National Medal of Science」を、二〇〇七年にはジョージ・W・ブッシュ大統領から「大統領自由勲章 Presidential Medal of Freedom」を受けている。そのことからもわかるように、アメリカの新自由主義的政策に大きな影響を与えてきた経済学者の一人である。彼は、『人的資本』初版の「序論」で次のように述べている。

本研究は、人々のもつ資源を増大することによって、将来の貨幣的および精神的［心理的］所得の両者に影響を与えるような諸活動を取り扱う。このような活動は、人的資本投資と呼ばれている。／このような投資の形態はさまざまであって、学校教育、職場訓練、医療、労働移動、さらに価格や所得にかんする情報を探知することまで含まれる。[27]

この本の前半は理論の説明だが、後半で具体的に論じているのは、主に「大学教育の収益率」と「高等学校教育の収益率」との比較であり、要するに学歴が高い方が所得（給料）も高い、ということの証明である。それだけなら誰でも知っている事実だが、見過ごせないのは、ベッカーがそれを「人的資本投資 investments in human capital」とその「貨幣収益率 the money rate of return」という概念で説明したことである。つまり、教育を受けること、受けさせることを「投資」と呼び、労働力をたんなる「商品」ではなく、収益をもたらす「資本」と見なしたことである。

ベッカーは初版の「結論と要約」部分で、「投資」すること自体を「有能さ」と結びつけて、次のように説明している。

たとえば、観察上の収入は人的資本の収益を含めた総計であるために、単にある人々は他の人々より自分自身に多くの投資をしたから収入が多いということになる。「より有能なabler」人々はそうでない人々より余計に投資する傾向があるから、たとえ「能力ability」が対称でそれほど不均等に分布していない場合でも、収入分布は非常に不均等でゆがみがある。[28]

だから、大学卒業者は高校卒業者より「有能」だと言われることが多いが、実際には、「全般的に、能力が格差を説明する割合は相対的に小さく、大学教育がそれを説明する割合の方が大きいようである」[29]というのが、この本の結論だった。

高等教育は、マルクスに従えば、労働者の労働能力を高め、その再生産のための費用を高めることによって「労働力の価値」を高めるものだということになるが、「人的資本」論はそれを「投資」と見なし、「労働力の価値」が高められた結果として賃金が上昇することを「資本の収益」と見なした。要するに、「人的資本」論によれば、労働者は自分自身に、あるいは自分の子どもに「投資」する「資本家」になったのである。

このような「人的資本」論を正面から批判したのが、一九七五年の「アメリカン・エコノミック・レヴュー」に掲載されたアメリカの経済学者サミュエル・ボウルズとハーバート・ギンタスの共著論文「人的資本論の問題――マルクス派からの批判」だった。

ボウルズとギンタスは、「人的資本論」の「根本的洞察」として、労働をたんなる「商品」と見るのではなく、「その特質が経済的諸力の全体的配置に依存する、生産された生産手段として論じている」こと、「労働力の差異化に注目する」こと、「これまでは純粋に文化的・上部構造的な領域に格下げされていた、学校教育や家庭のような基礎的な社会的諸制度を経済分析の領域に引き入れた」こと、の三点を評価している。しかしながら、同時にそのことによって、『労働』が基本的な説明的カテゴリーとしては消失してしまい、資本概念の中に吸収されてしまったために、労働の特殊性を論じることでそれを豊富化することができなくなった」点を批判している。[30]

著者たちによれば、これは経済理論における階級闘争なのである。つまり、そもそも労働者階級が存在すること、そして資本家階級との間に利害対立が存在することを、現実として認めるか否かが問われているのである。労働者階級の存在と利害を自己主張すること、そのこと自体が階級闘争である。

人的資本論は、中心的な経済的概念としての階級を抹殺する最も新しい、おそらくは最後の一歩なのである。(中略)現代の一般均衡理論では、インプット［生産の諸要素］とアウトプット［産出物］をほとんど見分けることができないし、同じように、特定のインプット間の区別をすることもできない。人的資本論は、この傾向の一つの表現である。すなわち、すべての労働者は、人的資本論者の大好きな見方によれば、今では資本家なのだ。[31]

しかし、そのような見方は、資本主義的生産様式の階級的構造を覆い隠すものでしかない。ボウルズとギンタスはこう続けている。

学校教育、職業訓練、子どもの養育、健康管理は、二重の経済的機能を果たす。それらは、生産において、間接的ではあるが不可欠な役割を演じる。そしてそれらはまた、経済的・社会的秩序全体の永続のためにも不可欠である。これらの過程は、資本主義的階級構造、それを構成する個々人、そしてそれを規制する経済的諸制度の何代にもわたる再生産のための社会的必要条件を参照することなしには、理解できないものである。したがって、適切な人的資源の理論は、生産と社会的再生産の両方の理論から構成されなければならない。人的資本論は、再生産の理論をまったく提供しておらず、ひじょうに偏った生産の理論を提示しているだけで、しかもそれは技術的諸関係に有利な生産の社会的諸関係から抽象された理論でしかない。[32]

したがって、ボウルズとギンタスの結論は、きわめて明快だった。「それ［人的資本論］が提供するのは、一言で言えば、現状を守るのに都合のいいイデオロギーである。しかしそれは、資本主義経済の仕組みの理解にも、人間の幸福につながる経済的秩序への道の理解にも役に立たない、貧弱な学問なのである」[33]。

このように「人的資本」論を徹底的に批判したボウルズとギンタスは、その翌年に改めて『アメリカ資本主義と学校教育——教育改革と経済制度の矛盾』という共著を出版し、そこでも何度かベッカーの『人的資本』に言及した。この本の冒頭で彼らはこう宣言している。

教育制度が経済とどのように関わっているかということを、教育によって学生が得る知的能力と労働市場で支払われる額との関連という「テクニカル」な観点からだけで考察しようとするのは誤りである。教育の経済的意味を理解するためには、教育の社会的構造を、教育を通じて助長される学生の意識、対人行動、性格などと関連づけて考えなければならない[34]。

この本の内容に詳しく立ち入るのは本筋から外れることになるのでしないが、この本が資本主義社会における教育の意味を論じたものとしての重要性は強調しておきたい。著者たちが主張するのは、第一に次のことである。

学校は、成績評価や職業的なヒエラルキーへの配分に用いられる一見能力主義的とみえる方法によって、合法的な不平等を助長することになる。社会階級や人種、性にもとづく差別のパターンを学生に強く植えつけることにより、卒業後生産プロセスのなかでの権威と地位のヒエラルキーのどこに位置づけられるのが「ふさわしい properly」かを教えこむ。学校で経済分野の支配と従属の関係に適《かな》った人格的発達の類型を育成し、結局、経営者が労働者支配の最上の武器——雇い入れ、解雇することのできる権力——を効果的に発揮できるのに十分なだけの熟練労働者の余剰を生みだす。[35]

したがって、高校と大学とでは、教育の方法も学校内における秩序意識も、その社会的位置づけに応じて異なるものになる。「高校で規則が重視されるのは、低いレベルの労働者に対してきびしい監督がおこなわれていることの反映であり、エリート大学では行動規範が内面化され、日常的な監督から自由であるのは、上位レベルにあるホワイトカラーの社会的労働関係を反映したものである。州立大学やコミュニティ・カレッジは大部分その中間にあって、下位レベルの技術的サービス、管理的な職員に要請される行動様式に合わせられている[36]」。

このような教育の序列化と不平等は、結果としての不平等を正当化する機能をもつことによって、不平等を再生産することになる。

能力主義を指向する教育制度で促進されるのは平等化機能ではなく、［資本主義社会への］統合機能である。特権を合理化し、貧困を個人の失敗のせいにすることにより、教育は不平等を再生産している。[37]

つまり、学歴の違いは、「人的資本」論が主張するように「収益率」の違いをもたらすだけのものではなく、不平等な社会的序列の中での位置づけを、つまり「差別のパターン」を内面化させることによって、「貧困を個人の失敗のせいにする」意識そのものを生み出すのである。まさに「自己責任論」が「内面化された規範 internalized norms」[38]となって、意識の中で再生産される。

このように学校教育は、資本主義的支配・従属関係と密接不可分なのである。ボウルズとギンタスの共著の結論は、次のようなものだった。

教育制度は人々を教育して、経済生活で地位を得て仕事をすることができるようにするわけであるが、教育制度自体の社会的関係は、事務所や工場の社会的関係に合うようにつくられている。したがって、学校教育の抑圧的な側面は決して非合理ないしは邪道なものではなく、むしろ、経済的現実を、体系的、普遍的に反映したものとなっている。解放された教育ということだけでは職業的なミスフィットと職場ノイローゼの蔓延《まんえん》をもたらすことになる。それだけでは、教育の自由化には役立たない。抑圧の原因が学校制度の外部に存在しているからである。かりに、学校がより人間的な形態をとるべきであるとするならば、職場もまたより人間的なものでなければならない[39]。

ここで改めて「人的資本」に話を戻すことにしよう。「人的資本」論の階級闘争的意味については、すでにボウルズとギンタスが論じていたが、それをもっと「隠し立てのない」形で再び批判したのが、ハーヴェイだった。

私が知るかぎりでは、人的資本論が、たとえば一九六〇年代にゲーリー・ベッカーの手で復活させられたが、その核心は、資本と労働の階級関係の意義を葬り去ることにあり、あたかもわれわれのすべてが資本家であり、それぞれ異なる自己資本利益率（人的資本の利益率ないしその他の資本の利益率）でお金を得るかのように思わせることにあった。もし労働者がきわめて低い賃金しか得られないのであれば、次のように主張できるだろう。この低賃金はただ、その労働者が自分の人的資本を鍛えるのを怠ったという事実の反映にすぎない、と！　要するに、給料が安いのであれば、それは自己責任なのである。驚くまでもないことだが、さまざまな大学の経済学部から世界銀行やＩＭＦにまでわたる、すべての資本の主要機関がこの理論的虚構を心から信奉してきたが、それはイデオロギー的理由からであって、健全な知的理由からではないのは間違いない。[40]

要するに、一言でいえば、「人的資本」論とは「自己責任論」の前提条件を説明するイデオロギーだったのである。それでは、このイデオロギーはその後どうなったのだろうか。

現在の日本では、「ヒューマンキャピタル」というカタカナ語はほぼ「人材」の意味で使われていて、インターネットで検索すると「ヒューマンキャピタル」を冠した会社名がいくつか見つかるが、それらは「女性のための人材派遣」会社や、採用面接の際に適性検査（しかもストレス耐性や職務適性の診断検査）を行うことで「企業の発展のために間違いのない人材の発見をサポート」する会社、「人材育成・教育研修」を行う会社だったりする。

それに対して「人的資本」という言葉の方は、日常的にはあまり見聞きすることはないように思われる。しかし、たとえば、二〇一七年に政府の経済財政諮問会議の「二〇三〇年展望と改革タスクフォース報告書」を取りまとめた京都大学大学院教授の河合江理子は、このタスクフォースで「未来の人財（Human Capital）育成への提案」というテーマでの発表を行っており、内閣府経済社会総合研究所のインタビュー記事「人的資本の向上に向けて」の中では、「人的資本を考える上での課題の一つとして、そもそも、国際比較をすると、我が国の場合は教育への投資が少ないという点が挙げられ、教育に携わる者として非常に危惧しております[41]」と発言している。「人的資本」という言葉は、少なくとも政府の政策決定に関わる人びとの間では、現に生きて使われているのである。

また、文部科学省は二〇一七年度の時点で、教育改革の一環として「教育投資の効果分析に関する調査研究」を行っており、総務省統計局のホームページでは、厚生労働省の「賃金構造基本統計調査」を基にした「学歴別生涯賃金」を調べることができるようになっている。それだけではなく、現代の階級的貧困を問題にする研究者でさえも、階級の違いによる「子どもに対する教育投資の違い[42]」を論じている。

つまり、「教育投資」という言葉はすでに市民権を得て広く使われているのであり、私たちは知らず知らずのうちに、教育費の支出は教育を受けた者の労働能力を増大させるための「投資」であって、それに対する見返り（収益）が「生涯賃金」の増額分だ、という「人的資本」論の論理をすでに当たり前のように受容しているのである。

4 「自己啓発」

このような「教育投資＝人的資本」論が、少なくとも日本では子どもに対する親の「投資」を促すイデオロギーであるのに対して、「人的資本」論を自分自身のこととして内面化して自分に「投資」しようとするのが「自己啓発」だということになるだろう。ここで発揮される「自主性」は、まさに「『新経済社会七カ年計画』について」や経済同友会の提言がくどいほどに強調してきた「個人の自立心」に基づく「自助努力」の一表現である。そしてそのような「個人の自立心」や「自助努力」そのものに新しい市場を見出して登場したのが、「自己啓発セミナー」や「自己啓発本」というビジネスだった。

この「自己啓発セミナー」というのは、元々は一九六〇年代にアメリカで開発された心理学的カウンセリングの集団療法を応用して、「人間関係トレーニング」を謳《うた》い文句《もんく》にした「セミナー専門会社」が設立され、それが「企業から依頼を受けて会社の営業マンのモチベーションアップをしたり、一般人が参加する集団セミナーを開くようになった[43]」ことが始まりらしい。

日本で「自己啓発」が話題になるのは、一九七〇年代の後半に、アメリカ発の「自己啓発セミナー」が日本に上陸してからのようである。社会学者の小池靖によれば、「日本の自己啓発セミナーブームはバブル経済の産物」でもあって、「最盛期には大小含めて百以上のセミナー会社があったようであり、一九九〇年ごろの段階で既に十万人前後の人がセミナー受講経験をもっていたようだ」[44]。しかし、「一九八〇年代には拡大したものの、一九九一～二年をピークとして業界自体は縮小傾向にあり、（中略）学生や社員研修を主なターゲットとした一部のセミナー会社だけが現在では目立っている」[45]程度だという。

一九九〇年代前半に自ら高い受講料を払っていくつかの会社の自己啓発セミナーに「潜入取材」を試みたジャーナリストの塩谷《えんや》智美によれば、一九九〇年代半ばの時点で、セミナーをめぐるトラブルは年々増加し続けていて、「全国の消費者センターが受けた苦情は、一九八八年には二八七件。一九九五年には年間一一八五件と、五倍にも膨れあがっている」[46]状態だった。

その塩谷は、自ら体験したセミナー体験を踏まえて、そこで行われていることを「マインド・レイプ」と呼んでいる。彼女によれば、セミナーは、「自分の人生を大きく変えることができる」という誘い文句によって、「このままでいいのだろうかという漠然とした不安」を抱えた人間を惹《ひ》きつけ、短期集中的な「プレッシャー」を通して、「一気に心全部を［転職願望で］染めあげてしまった」という。[47]

やはり自らセミナーを受講しながらその思想内容を分析した小池によれば、「自己啓発」の思想には「自己責任論」との強い親和性がある。

自己啓発セミナーは、単なる積極思考を超えて、自分の人生に降りかかることはすべて自分の責任であるとする思想をもっている。そして、心的態度の自主的な変化だけではなく、社会によって抑圧されている自己の限界を、グループ体験を通じて解放しなければならない、と考えている。その自己像は、積極思考の「強い自己」を受け継ぎつつも、抑圧からのセラピー的な解放をめざしたものである。しかし力点は依然として自己の内面にあるため、自己啓発セミナーが何らかの社会変革に結びつく可能性は小さい[48]。

この「強い自己」という言葉が一つの鍵になるだろう。受講者は、現実の自分が「強い自己」ではないからこそ、そしてさまざまな不遇や不安を抱え込んでいるからこそ、セミナーを受講するのであり、それによって「強い自己」を手に入れようとする。しかし、それを手に入れるためには、「自己責任」をも引き受けなければならないのである。

この思想が言うように「自分の人生に降りかかること」がすべて「自己の責任」なのだとすると、自分の不遇に対しては「社会が悪い」とも「他人のせい」だとも考えてはいけないことになる。小池はさらにこう説明する。

自己責任の論理の帰結として、人生はすべて自分の選択である、とも説かれる。これはセミナーのメッセージのひとつの中核をなすものである[49]。

すべてが「自分の選択」なのだとすれば、「強い自己」とは、将来に向けては「無限の可能性をもつものであり、自分の人生の全責任を引き受け、主体的に選択し表現していく存在としてとらえられている[50]」。これこそまさに新自由主義が理念型として想定する、「自立心」をもって「自助努力」を行う人間像であることは言うまでもない。

したがって、「自己啓発」という言葉が新自由主義的な政策提言の中に現れることには何の不思議もないだろう。実際に、一九九五年に当時の日本経営者団体連盟（日経連）が発表した『新時代の「日本的経営」――挑戦すべき方向とその具体策（新・日本的経営システム等研究プロジェクト報告）』には、「自己啓発」という言葉が頻出する。

この報告書は、労働者を三つのグループに分類してそれを「雇用ポートフォリオ」と称し、その第三グループと位置づけられた非正規雇用の拡大に道を開いた政策提言としてよく知られている。たとえば、次のような文章である。「今後の雇用形態は、長期継続雇用という考え方に立って企業としても働いてほしい、従業員も働きたいという長期蓄積能力活用型グループ、必ずしも長期雇用を前提としない高度専門能力活用型グループ、働く意識が多様化している雇用柔軟型グループに動いていくものと思われる。つまり企業と働く人のニーズがマッチしたところで雇用関係が成立する」[51]。

このうちの「雇用柔軟型グループ」を創出するための実質的な要求が、「派遣労働についての規制の緩和（原則自由）」[52]ということだった。それが、その後の数次にわたる労働者派遣法の「改正」によって実現していったことは、言うまでもないだろう。

そして、この報告書も、すでに見てきた「『新経済社会七カ年計画』について」や経済同友会の提言と同じように、「個の主体性の確立」[53]や「本人の自助努力」[54]を強調するが、それにさらに付け加えられているのが、「能力開発」であり「自己啓発」なのである。「個性重視の能力開発」と題された第一部第五章の本文では、「自己啓発」という言葉が四回使われているが、その言いたいことが一番わかりやすいのが次の文章である。

能力開発は今後のわが国経済、各人の働きがいと密接に関連しており、生涯教育の考えに立って、企業も能力開発に努めるとともに、各人も自己啓発に励むことによって、わが国全体の能力レベルを高めていくことが大切である。（中略）企業の行なう能力開発に従業員は積極的に参加することはもちろん、自己啓発などにより、より一層の自己実現を図るように自らの能力は自らが高めるとの意識をしっかりもつことが何より大切である。[55]

ここでは、「自己啓発」という言葉が、「自らの能力は自らが高める」という「自助努力」としての「人的資本投資」とほぼ同じ意味で使われていることがわかる。しかし、それに対して企業がどのように「見返り」を与えるのかについては、いっさい言及がない。

また、この文書には「自助努力」という言葉も繰り返し現れるが、それにはさらに深い意味が込められている。同じ章の少し後には、次のような文章が続いている。

専門的能力を保有していれば、経営環境の変化、経営戦略の変更にともなう職種転換や他社への転籍、出向などという事態になっても対処しやすい。端的にいえば、これからは社外でも通用する人材の育成を目指すべきである。（中略）そのためには、企業が実施する能力開発のほかに、専門的能力に向けての従業員個々人の意欲と自助努力が重要である。特に、中高年層の新技術・知識への積極的な対応が望まれる。[56]

この言い方によれば、「自助努力が重要」なのは、「職種転換や他社への転籍、出向など」、要するに「リストラ」に対応して生き残るためなのである。「社外でも通用する」ことが求められているのは、労働者が解雇されて失業する可能性を遠回しに述べていることになる。すでに見たように、もっとあからさまに「各人の自助努力で失業問題を解決」するよう求める経済同友会の提言が発表されるのは、この二年後である。

日経連のこの報告書は、さらに第二部第七章「経営戦略に沿った能力開発」で、「かつてのように会社が手取り足取り面倒をみる能力開発ではなく、従業員自らが自分の将来を有意義に過ごすために積極的に能力開発にチャレンジしていく姿が望ましい[57]」と述べて、「自分の将来」についての責任を労働者にだけ転嫁し、第八章「企業福祉の重点施策」では、「企業福祉には当然コストがかかり、最近それがかなりの負担になってきている。(中略) これからはコスト意識、合理化意識をもって企業福祉を考える必要がある[58]」という企業側の都合を露骨に述べている。

これらの章でも「自己啓発」という言葉が繰り返されているのだが、要するに、企業としては、労働者に対して「手取り足取り面倒をみる」ことをやめて「企業福祉のコスト」を削減したい。その言い換え表現が、「自己啓発の支援[59]」だったのである。

日経連のこの報告書の提言は、すぐに首相の諮問機関である経済審議会の報告書に反映されることになった。それが、一九九六年一二月の経済審議会行動計画委員会の「雇用・労働ワーキンググループ報告書」であり、その中では「自己啓発」という言葉が一五回も使われている。

この報告書は、「労働需給のより効率的できめの細かいマッチングのための改革」と称して、

「具体的には、民営の有料職業紹介事業の自由化ならびに労働者派遣事業の規制緩和を提言するものであり、しかも、「開示された情報に基づいて求職者自身が実際に紹介サービスを受けるか否かを判断するという情報開示と自己責任を重視する方向への変革もなされるべきである」[60]と、派遣労働者の「自己責任」を強調するものだった。そして、労働者派遣事業の規制緩和に続く提言が、「自己啓発による職業能力の向上のための政策的支援」だったのである。そのような支援が必要な理由は、次のようなものだった。

経済構造の変化は、産業構造を変え、就業構造を変える。これに即応して人々の仕事の中身も変わらざるを得ない。急速な技術の変化に対応して、働く人々はその知識や技能を常に新しくし、磨き込んでいかなければ、そのような変化についていけなくなる。（中略）しかも就業構造、職業構造の面では、ブルーカラーの比重が減り、ホワイトカラーの比重が増している。それは上からの指揮命令に従って集団で働くという就業形態が比重を減じ、個人が自分の判断で処理し、行動していく業務の比重が増していることを意味している。／ホワイトカラーの仕事は本質的に判断業務であるから、ブルーカラーのような集団訓練はなじまない。自分の知識や技能を向上させるためには、自分で自分を啓発し、自己投資をするのが基本である。[61]

ここでも、「自己啓発」という言葉は「自己投資」と同じ意味で使われている。つまり、特にホワイトカラーに対して、職場訓練や社内教育ではなく、自らの負担で、「自己責任」で、「自分の知識や技能を向上させる」ことを求める提言なのである。しかし、先に見た日経連の報告書とまったく同じように、ここでも、労働者の「自己啓発」に対して企業がどのように「見返り」を与えるのかについては、いっさい言及がない。

他方、この報告書が最後に掲げる「ホワイトカラーの自己啓発等推進戦略」に関する「提言」は、企業に対しては「自己啓発を可能にする就業時間面での条件整備」として、「具体的にはフレックスタイム制の活用、時間外労働の適正化（中略）等により、多くの労働者が自己啓発の障害としてあげる就業時間面での問題を解消しようとする」ことを求めている。それと同時に、行政に対しては、「職業能力を高める目的で自己啓発投資を行う労働者の投資経費についての所得控除」という「自己啓発優遇税制の導入」を求めるものだった。[62]ここでもやはり、「自己啓発」は「投資」だと理解されているのである。

この自己啓発優遇税制は実現しなかったが、二〇一三年に産労総合研究所が行った「キャリア自律時代の自己啓発援助施策に関する調査」によれば、アンケートに回答した二〇〇社のうち、九割近い企業が何らかの「自己啓発援助施策」を行っており、援助施策の内容について回答があった一七四社中「参加費や受講料などの金銭的援助」を行っている企業が九七・一パーセント、「自己啓発にかかわる就業時間の配慮」が四九・四パーセント、「社内での自主的な勉強会等に対する援助や便宜提供」が四七・七パーセント、そして「社外での自主的な勉強会等に対する援助や便宜提供」が二五・三パーセントなどとなっている。[63]

企業がこのような「自己啓発援助」を行う場合に重視している目的は、同じ調査によれば、回答した一五〇社中「知識・スキルの習得」が七八・〇パーセント、「公的資格などの取得」が六六・〇パーセントだった。[64] いずれも仕事に直結するものである。かつてはＯＪＴ（On-the-Job-Training）という形で労働時間内に教えられていた「知識・スキル」が、今では労働時間外に労働者の「自己啓発」の名前で行われている、ということだろう。これもまた労働者自身が会社に必要とされる人間になるための、「自己責任」に基づく「自助努力」なのである。

5　「強制された自発性」

これまで新自由主義的政策の進展に伴って新調された「新しいヴェール」の内容を見てきた。ここでは、その「新しいヴェール」に覆い隠された現代の奴隷制のあり方を、労働者自身の意識に即する形で確認することにしたい。鍵となる言葉は「強制された自発性」である。これは、労働問題の研究者である熊沢誠が使っている言葉だが、現代の日本における「隠された奴隷制」を表現するものとして、これ以上に適切な言葉はないだろう。この「強制された自発性」が引き起こす最悪の問題が「過労死」である。

現代日本における長時間労働や過労死・過労自殺の具体的な実態については、自ら「過労死一一〇番全国ネットワーク」に関わった経済学者の森岡孝二（一九四四〜二〇一八）の著書『過労死は何を告発しているか――現代日本の企業と労働』（岩波現代文庫、二〇一三年）、同じく「過労死一一〇番」に参加し、現在は「過労死弁護団全国連絡会議」の幹事長をしている弁護士の川人博の『過労自殺 第二版』（岩波新書、二〇一四年）、そして熊沢誠の『過労死・過労自殺の現代史――働きすぎに斃《たお》れる人たち』（岩波現代文庫、二〇一八年）が紹介している多数のケースをぜひ参照してほしい。

ここでは、熊沢の著書の中から、一九八〇年代末に過労死した二人の労働者が残した言葉を紹介しておきたい。一つは、長時間残業が続いた結果として一九八七年二月に急性心筋梗塞で過労死した広告代理店「創芸」の制作部副部長（四三歳）が残した手記の言葉だ。彼はこう書いている。

現代の無数のサラリーマンたちは、あらゆる意味で、奴隷的である。金に買われている。

時間で縛られている。上司に逆らえない。賃金も一方的に決められる……。[65]

もう一つは、やはり長時間労働の末に一九八九年一一月に動脈瘤《どうみゃくりゅう》破裂のくも膜下出血で過労死した「株式会社きんでん」の下請け企業の電気工事士（四六歳）が寝床で妻に「ぽつりと洩《も》らした」言葉である。彼はこうつぶやいたという。

僕は奴隷かなぁ。[66]

一九八八年以来ずっと「過労死一一〇番」に携わって労働者やその家族からの相談に対応してきた川人自身も、二〇一四年にこう述べている。

SEとは、system engineer（システムエンジニア）の略語のはずだが、私には、slave engineer（スレイブエンジニア＝奴隷技術者）の略語のように聞こえてしまう。本来、SEは、二一世紀を担う技術者であるはずなのに、残念なことに、現代日本では、過重労働の代名詞となり、最も苛酷な労働の一つとなっている。（中略）最近五年間の「過労死一一〇番」への自殺相談を見ても、職種が判明している相談のうち約二〇％は、SEの事案である。[67]

広告代理店であれ、電気工事会社であれ、IT企業のSEであれ、現代日本の労働は、まさに「奴隷的」なものとなっているのである。ただし、一九八〇年代に過労死した二人が、自分自身の置かれた状態を自ら「奴隷的／奴隷」と表現する語彙をもっていたのに対して、二〇〇〇年代以降の過労死者が残した言葉は、明らかに異なった印象を与える。川人が紹介している二つの例を見てみよう。

一つは、二〇〇一年一二月に過労自殺した、オリックス株式会社厚木支店に勤務していた女性総合職（二六歳）が残した手帳の走り書きである。そこにはこうある。

朝早くから夜遅くまで会社にいて、行動を管理され周囲から厳しいことが言われる状況の中で、それに対して「自分」がなくなってしまいました。／自分がどんな人間で何を考え、何を表現すればよいのかが分かりません。／もう少し強い自分でありたかったです。[68]

もう一つは、二〇〇六年六月にやはり過労自殺した、小学校女性教員（二三歳）が書き残したノートの文章である。「無責任な私をお許し下さい。全て私の無能さが原因です。家族のみんなごめんなさい[69]」。

一九八〇年代に過労死した労働者たちは、自分が会社に、あるいは上司に従属して、それに逆らうことのできない「奴隷」だと、少なくとも自らを客観的な関係の中で見ることができていた。それに対して、二〇〇〇年代に過労自殺した労働者たちは、「もう少し強い自分でありたかった」と自分の「弱さ」を告白し、あるいは「無責任な私」「私の無能さ」を自ら責める言葉を残すのである。

前者は四〇代の男性たち、後者は二〇代の女性たちだが、問題はたんなる年齢や性別の違いではないだろう。一九四〇年代半ばに生まれて戦後民主主義の時代に自己形成を遂げた世代と、一九七〇年代後半以降に生まれた世代との間にあるもの。ここには明らかに、一九九〇年代半ば以降繰り返し強調された「自己責任論」の影響を見ることができる。同じ時期には、「強い自己」をキーワードとする「自己啓発」ブームがあったことも忘れてはならないだろう。

このように個々の労働者に「強い自己」と「責任」を求めるのは、もちろん企業の側であり、労働者は今ではそれを深く内面化して、上司の過大な要求に応えることのできない自らの「弱さ」や「無能さ」を自分自身の責任に帰すことになってしまった。それがたとえ過労死や過労自殺にいたったとしても、川人によれば、「多くの企業は、労働条件や労務管理の問題点を棚にあげ、自殺を労働者個人の責任としてとらえる傾向が強い。そして遺族に対して、『会社に迷惑をかけた』として高圧的な態度をとり、遺族は『申し訳ない』とおわびをする立場に立たされることもある」[70]という。

所定の労働時間内には終わらせることができないほどの仕事量（生産高や契約高）や納期の厳守を「目標」として課せられ、労働時間の規制もほとんどなく、睡眠時間も削って長時間の持ち帰り残業やサービス残業をせざるをえない状況に追い込まれながら、それは「自発的行為」と見なされて、その結果は「自己責任」だとされる。それが、現代日本における「強制された自発性」である。なんという倒錯した世界だろうか。

長時間労働とその最悪の結果としての過労死・過労自殺について、熊沢は次のように結論づけている。

企業の要請する過重労働が責任感のつよい働き手を死に追い込む。どのケースについてもそのことに企業労務は最大の責任をまぬかれない。とはいえ、現代の労働が言葉の厳密な意味において奴隷労働でない限り、過労死であれ過労自殺であれ、それらは働きすぎを要請する企業の論理に対する、労働者のいくばくかは自発的な対応の結果として現れるのだ。過労死・過労自殺は総じて、この「階級なき」日本の労働者になじみの「強制された自発性」から生まれる悲劇の極北なのである。[71]

ここで熊沢は「『階級なき』日本」という言葉を発している。彼は続けてこうも述べている。「日本の労働者はこれまでのところ、『会社の仕事のため』ということと『自分の生活のため』ということとをひっきょう峻別《しゅんべつ》できない人びとであった[72]」。日本の労働者に対する突き放した批判のようにも聞こえるこの言葉は、何を意味しているのだろうか。

それはおそらく熊沢の抱いた無念であり、歯がゆさである。直接に言及してはいないが、「階級」という言葉を使うことで彼が想定していたのは、次のようなマルクスの文章だったことは間違いないだろう。

資本家が、労働日［＝一日の労働時間］をできるだけ延長して、できれば一労働日を二労働日にでもしようとするとき、彼は買い手としての自分の権利を主張するのである。他方、売られた商品の独自な性質には、買い手によるそれの消費に対する制限が含まれているのであって、労働者が、労働日を一定の正常な長さに制限しようとするとき、彼は売り手としての自分の権利を主張するのである。だから、ここでは一つの二律背反が生ずるのである。つまり、どちらも等しく商品交換の法則によって保証されている権利対権利である。同等な権利と権利との間では力［die Gewalt］がことを決する。こういうわけで、資本主義的生産の歴史では、労働日の標準化は、労働日の限界をめぐる闘争――総資本家すなわち資本家階級と総労働者すなわち労働者階級との間の闘争――として現れるのである。[73]

労働者には、一日の労働時間を「一定の正常な長さ」に制限する正当な権利がある。それは、自由主義者も認めるはずの資本主義社会における「正義」だ。明日もまた健康な状態で働くことができるように、自分の労働能力を保全し、労働時間を制限すること。しかし、それを実現するためには、会社の要求に抗議し、上司の命令に異議申し立てをして、闘わなければならない。それが「階級闘争」なのである。

過労死にまでいたる長時間労働が蔓延している現代日本の状況は、日本の労働者が「労働日の限界をめぐる」この「階級闘争」に敗北したことを意味している。それを熊沢は「階級なき」日本と表現したのだが、ハーヴェイも『資本論』におけるマルクスの「階級闘争」理解について次のように説明している。

歴史的には、労働日の長さ、週労働日数、年労働日数（有給休暇）、生涯労働年数（退職年齢）をめぐる画期的で持続的な闘争があったのであり、この闘争は今日もなお続いている。これは明らかに資本主義の歴史における根本的側面であり、資本主義的生産様式における中心的問題である。[74]

そして、ハーヴェイはこの文章にさらにこう付け加えた。「過度労働〔overwork〕による死は一九世紀に限定されるものではない。日本にはそれを表わす『過労死（karōshi）』という専門用語が存在するほどである[75]」。

ローマ字表記の「karoshi」は、すでに『オクスフォード英語辞典』にも収録されるほど有名な言葉になってしまった。「過度労働や仕事に関連する極度の疲労がもたらす死 death brought on by overwork or job-related exhaustion」。これが私たちの生きている世界だ。「隠された奴隷制」、そして「強制された自発性」。しかし、希望がないわけではない。いま改めて資本主義と奴隷制をめぐる議論が活性化しているからだ。「隠された奴隷制」についての認識が再構築されつつあるからだ。

次章ではまず、資本主義概念の再検討から見ていくことにしよう。

第六章　奴隷制から逃れるために

1　資本主義と奴隷制——ポメランツ

すでに引用したように、マルクスは、「ヨーロッパにおける賃金労働者の隠された奴隷制は、新世界での文句なしの奴隷制を踏み台として必要とした」[1]と理解していた。植民地における黒人奴隷制がなければ、ヨーロッパにおける資本主義もなかった、あるいは少なくとも違った形になっていた、ということである。その直前には、次のようにも書いていた。

アメリカの金銀産地の発見、原住民の掃滅と奴隷化と鉱山への埋没、東インドの征服と略奪の開始、アフリカの商業的黒人狩猟場への転化、これらのできごとは資本主義的生産の時代の曙光《しょこう》を特徴づけている。このような牧歌的な過程が、本源的蓄積の主要契機なのである。[2]

このようなマルクスの「本源的蓄積」論を踏まえたうえで、ただしマルクスの名前を一言も出すことなしに、イギリス資本主義の成立過程を実証的に再検討し、その成果を博士論文としてオクスフォード大学に提出したのが、エリック・ウィリアムズだった。この博士論文に加筆訂正を加えて出版したのが『資本主義と奴隷制』である。これもすでに引用した個所だが、彼の主張の要点をもう一度確認しておこう。

一七五〇年までにはイングランドではなんらかの点で三角貿易、または植民地との直接貿易とは無関係の貿易都市や製造業都市はほとんどなかった。これらによって得られた利潤は産業革命の資金を調達することになる、イングランドにおける資本蓄積の本流の一つとなった。[3]

要するに、奴隷貿易がなければ、産業革命もなかったかもしれない、ということである。この本の最終章の「結論」でも、ウィリアムズはこう書いている。

一八世紀の商業資本主義は、奴隷制と独占によってヨーロッパに巨万の富をもたらした。しかし同時に、それは一九世紀の産業資本主義を呼び起こす役割をも果たしたことになり、逆に商業資本主義と奴隷制およびその諸産物を破壊することにつながっていった。[4]

このようなウィリアムズの主張は、その後、主にイギリスの歴史家たちからさまざまな批判にさらされたが、現在の経済史研究は、改めてウィリアムズ・テーゼの妥当性を認めるにいたっている。その最近の例の一つが、アメリカの経済史家ケネス・ポメランツの二〇〇〇年の著書『大分岐――中国、ヨーロッパ、そして近代世界経済の形成』である。この本の副題が示しているように、彼の問題関心は、一八世紀までは貨幣経済の広がりにおいても経済的豊かさにおいてもほとんど差がなかった中国の江南地方や日本と西ヨーロッパとの間に、歴史的な「分岐」がなぜ起こったのか、ということにある。

西ヨーロッパにおいてのみ近代資本主義が成立したのはなぜか、というテーマは、一九世紀末以降のヨーロッパの社会科学者によって好んで取り上げられ、さまざまな形で論じられてきた。そして、資本主義成立の要因として論じられたのは、プロテスタントの宗教倫理だったり、都市と農村との分業だったり、「市民社会」の成立だったり、主としてヨーロッパの内部における経済的あるいは文化的な発展の独自性と思われてきた歴史的過程だった。それに対して、ポメランツは次のように述べている。

西ヨーロッパは、一八世紀までに種々の労働節約的な技術の利用においては、世界の他の地域から抜きん出ていた。しかし、種々の土地節約的技術においては、相変わらず遅れをとっていたため、もしも海外の資源がなければ、急速な人口増加と資源需要の増加で、西ヨーロッパも、より労働集約的な成長の径路に引き戻されていたかもしれない。その場合、中国や日本との「分岐」は、ずっと小さなものになっただろう。したがって本書で、ヨーロッパの発展とユーラシアの他地域（とくに中国と日本）の発展との差異についてはそれを説明する根拠を、海外の抑圧に求めるのである。[5]

西ヨーロッパによる「海外の抑圧」とは、つまり「新世界＝アメリカ」の植民地化のことである。この植民地支配が、ヨーロッパにとっての「生態環境上の救援」になった、とポメランツは言う。

この救援は、たんに新世界の自然の恵みにその基盤があっただけではなく、奴隷貿易やその他のヨーロッパの植民地システムの諸特徴が、新しいある種の周辺を創り出したという事実にも基づいているのである。こうした周辺の創出によって、ヨーロッパには、恒常的に増加しつづける大量の労働集約的な生産物と、これも恒常的に増加しつづける大量の輸出工業品との交換が可能になった。／工業化初期の前後から、この補完性の核心部分は、奴隷制によってもたらされた。奴隷は、新世界のプランテーションによって海外から購買されたが、自らの生存に必要なものは、しばしばほんのわずかしか生産しなかった。したがって、奴隷制の地域は、たとえば東ヨーロッパや東南アジアよりも、はるかに多くのものを輸入した[6]。

大西洋三角貿易によって結びつけられた、新世界の奴隷制プランテーションとヨーロッパの工業化との密接な相互補完関係。それこそが、マルクスが強調し、ウィリアムズが実証的に証明しようとした事態だった。

改めて確認しよう。新世界の奴隷制がなければ、資本主義はなかったし、近代世界システムも生まれなかった。「したがって、世界初の『近代的』中核と初の『近代的』周辺とは、同時に形成されたのである[7]」。そして、この「近代的中核」の優位は、マルクスがその「本源的蓄積」論で描いたように、基本的に暴力によるものだったことを、ポメランツも指摘している。「優れた商業組織よりも、むしろ、政治的・軍事的な力こそが、ヨーロッパ人の商人が、インドでは在地の商人から、フィリピンでは中国人商人から、(すべてではなく)いくつかの貿易の支配権を奪い取るうえでも、決定的な手段だったように思われる[8]」。

要するに、ヨーロッパにおいて資本主義を成立させた要因は、スミスが描いたようなヨーロッパ内部での「勤勉で節約的」な人びとによる「先行的蓄積」などではなく、むしろ「ヨーロッパ外での軍事的な強制[9]」なのであり、「ヨーロッパの新しい金融制度と、さまざまな形態をとった財政=軍事国家主義は、軍事力を伴った植民と海外貿易を組織するのに、うまく適合していた[10]」という事実なのである。オランダの連合東インド会社やイギリスのアフリカ会社、東インド会社を思い浮かべればわかる通り、軍事力による植民地支配とそこでの奴隷制プランテーション経営こそ、「株式会社」というものの出発点だった。「会社」が経営する「奴隷制」は、まさに資本主義の基本形態だったのである。ポメランツは次のように結論づけている。

こうして、新世界の開発とそこに労働力として連行されたアフリカ人の搾取とは、多くの点で「幻の耕地」の数値が示す以上の意味をもっていた。あらゆる指標を総合すると、こうした搾取が、西ヨーロッパを旧世界の他の中核地域より優位に立たせる上で、他のいかなる要素よりも大きな意味があったと思われる[11]。

しかし、話はそこで終わらない。これまで詳しく見てきたように、一九世紀にいたって奴隷制が廃止された後でも、「隠された奴隷制」は存続したからである。ポメランツも次の事実を確認している。

このような植民地時代に動き始めたダイナミクスが、奴隷制の地域と自由労働の地域のどちらからも、資源がヨーロッパに流入するような枠組みをつくり上げ、その後の「植民地の」独立と「奴隷」解放にもかかわらず、一九世紀を通じてさらに加速されたということである。[12]

つまり、一九世紀の後半には「奴隷制の地域」は消滅し、「自由労働の地域」だけが残ったことになるのだが、再びバック＝モースの言葉を借りれば、「労働者はたとえ実際上永続的な従属状態にとどまろうとも、わずかな賃金であれ承諾したのであれば自由人と定義されうることになったのだから、「自由労働というイデオロギーは、（中略）イギリスの労働者階級にとっては敗北であった」。彼女はこう続けている。「私たちは近代をヨーロッパと同義なものとして想像することで、近代資本主義が植民地システムの産物であったということをどれほど誤解してきたことだろうか[13]」。

もう一度繰り返しておこう。奴隷制がなければ、資本主義はなかった。近代資本主義世界システムが成立するためには、奴隷制プランテーションは不可欠だった。そして今もなお、「自由な労働者」というヴェールに覆われた「隠された奴隷制」がなければ、資本主義は成り立たない。それが、私たちがこれまで生きてきた世界、世界史的現在なのである。

2　マルーンとゾミア――スコット

そのような世界の中で、ハイチの黒人奴隷たちは一八世紀末にいたって、武装蜂起によっていったんは自らを解放した。しかし、ハイチに黒人奴隷制が成立してからハイチ革命が勃発するまで、約一〇〇年という時間が経過している。その間、奴隷たちは黙って奴隷制を耐え忍んでいたのだろうか。

そんなことはない。浜忠雄によれば、「『ハイチ黒人奴隷の歴史は逃亡奴隷化の歴史だった』と言われるほど、逃亡は小規模ながらしばしば組織的な抵抗となった。それに、国土の五分の四が山地であるサン＝ドマングは逃げ込む場所にことかかなかった。逃亡に成功した奴隷は、山間僻地《へきち》に共同体を作ってリーダーを選び、土地を耕し家を建てバリケードを築き、そこを拠点に襲撃や略奪を繰り返したのである[14]」。

奴隷たちは、逃亡し、逃亡先で自分たちの生活空間を構築し、さらには武装して、奴隷制プランテーションの所有者たちに対する「襲撃や略奪を繰り返した」という。奴隷に対するイメージが少し変わったのではないだろうか。奴隷はけっして無力で可哀想《かわいそう》な被害者というだけではないのである。闘う逃亡奴隷。そして、それはハイチに限った話ではない。

東南アジアの山地民を研究対象とするアメリカの人類学者ジェームズ・C・スコットは、二〇〇九年の著書『統治されないという技術——東南アジア高地の無政府的な歴史』(邦訳題名は『ゾミア——脱国家の世界史』)で「ゾミアZomia」の人びとの「無政府的な歴史」を明らかにしている。「ゾミア」というのは「ベトナムの中央高原からインドの北東部にかけて広がり、東南アジア大陸部の五カ国(ベトナム、カンボジア、ラオス、タイ、ビルマ)と中国の四省(雲南、貴州、広西、四川)を含む広大な丘陵地帯を指す新名称」だそうだが、彼によれば、「ゾミアは、国民国家に完全に統合されていない人々がいまだ残存する、世界で最も大きな地域」だという。[15]

私たちにとって興味深いのは、スコットがゾミアを「北米のアパラチア山脈の国際越境版」だと見なしていることだ。それは次のような意味においてである。

山地民とは、これまで二〇〇〇年のあいだ、奴隷、徴兵、徴税、強制労働、伝染病、戦争といった平地での国家建設事業に伴う抑圧から逃れてきた逃亡者、避難民、〔奴隷制から逃れた〕マルーン共同体の人々である。[16]

奴隷制から逃れた「マルーン共同体」というのは、一七世紀から一八世紀にカリブ海地域やスリナム、ギアナなどの奴隷制プランテーションから逃亡した黒人たちが「山間僻地」に作り上げた自給自足的な共同体のことである。「マルーン maroon」とは、スペイン語の「野生化した黒人 negro cimarrón」の形容詞「シマロン」が英語とフランス語に入って転訛《てんか》したものだと言われているが、マルーン共同体が存在した範囲は、北はアメリカのノース・カロライナ州から南はブラジルのアマゾン川流域にまで及ぶという。ハイチももちろんその中に含まれている。北アメリカ本土のアパラチア山脈は、「マルーン」の北限、ノース・カロライナ州の西部に位置する「山間僻地」だった。

スコットの「ゾミア」研究は、マルーンと同じように、強制労働や兵役を強要する「国家形成への反応として意図的に作り出された無国家空間」、「国家形成から逃れた人々の歴史」を、東南アジアに即して具体的に描き出そうとしたものである。しかし、彼の問題関心そのものは世界的規模に広がっている。逃亡する人びとは、現に、世界的規模で存在してきたからである。彼はこう宣言している。

本書は強権的な国家と隷属的労働組織から押し出されてきた人々——ジプシー、コサック、新世界やフィリピンでスペインの〔イエズス会宣教師による先住民の定住を目的に建設された〕「リダクシオン reducciones」移植村から逃れた部族民、逃亡奴隷の共同体、湿地帯(マーシュ)アラブ、サン・ブッシュマンなど——の多様な歴史を繋《つな》げる試みでもある。[17]

スコットがマルーンやゾミアに注目することには、もう一つの意味がある。それは、これまでの「低地国家」を規準とした歴史観、つまり発展段階論的な「文明史観」を解体することである。マルーンが「野生化した黒人」から派生した言葉であることは先に見た。「家畜」のようにおとなしく奴隷労働に従事することをしないで山地に逃げ込んだ人びとは、「野生化した」動物との類比で「マルーン」と呼ばれたのである。「飼い慣らされた動物」と「野生」の対比。これはすぐさま「文明」と「野蛮」の対比に重ね合わせられる。

つまり、マルーンやゾミアに注目することは、「文明」と「野蛮」の価値観を反転させることでもある。スコットは、次のように宣言している。

「野蛮人 barbarians」は、たんに未発展段階に残された人々ではなく、自律の維持という点から居住地、生業活動、社会構造を積極的に選択してきた政治的主体であると考えれば、従来の社会発展的文明史観は完全に崩壊する。低地国家の優越感が依拠しているのは、二種類の段階的文明論である。ひとつは、採集と狩猟から、焼畑（もしくは遊牧）、定住農耕、灌漑《かんがい》水稲に至るまでの農耕発展史観である。もうひとつは、森林での移住型生業から、小規模の開拓、村落、町、都市に至るまでの一連の社会組織発展史観である。このように想定された「段階stages」のひとつひとつが、実のところ、国家との関係を規定する社会的選択肢を基にしているとしたらどうであろう。そして、もし、辺境民の多くが長い歳月をかけて国家を近づけないように、より「原始的primitive」な生活形態を戦略的に選択してきたとしたらどうであろう。そのように視点を移してみると、旧来の社会進化論も含め低地国家ではびこる文明論は、自律民を原始人とみなし、国家と文明人を重ね合わせる、自分たちにのみ都合の良い言説であることがよくわかる。／この種の文明史観の論理は根本的にひっくり返されねばならない、というのがこの本全体における私の主張である。[18]

私たちの問題関心に即して言い直せば、こうなるだろう。近代の資本主義は、古代の奴隷制、封建制などの「段階」を踏み越えて「進化／発展」してきた「より良い／より優れた」生産システムなどではない、ということである。なにしろ資本主義は奴隷制なしには存続しえないのだから。そしてもう一つ、いつの時代にも、国家的支配や強制的な労働関係から逃れて「自律的」な生活を願い求める一定数の人びとがいた、ということである。

マルーンは奴隷制プランテーションから逃亡した奴隷の共同体だったが、ゾミアもまた、中国や東南アジアの「水稲国家」（水田稲作を経済的基盤とする国家）による「相当な規模の奴隷狩り」から逃亡した人びとの共同生活の場だった。スコットによれば、「国家は労働力の集約なしには成立しない」のであり、「そして労働力の集約は奴隷制度なしにはありえない。したがって、これらすべての国家は、とくに海洋国家を含めて、奴隷国家なのであった」[19]。

ここで「奴隷国家」と訳されている原語は〈slaving states〉である。直訳すれば、「人びとを奴隷化する国家」だろう。資本主義だけでなく、国家というものが、そもそも「人びとを奴隷化する」ものだ、というのが、スコットの言い分なのである。

このようなマルーンやゾミアについての個別研究を踏まえて、スコットが次に『実践 日々のアナキズム』（二〇一二年）で改めて提起した概念が「底流政治 infrapolitics」だった。これは、「下層階級」や「従属的集団」による組織化されない政治的活動を表す言葉なのだが、この概念を彼は次のように説明している。

> 底流政治という言葉で私が念頭に置いているのは、だらだら仕事、密猟、こそ泥、空とぼけ、サボり、逃避、常習欠勤、不法占拠、逃散《ちょうさん》といった行為である。逃避［desertion］によって同じ目的を達せられるならば、あえて反乱を企てて射殺される危険をおかす必要があろうか。不法占拠によって実質上の地権を確保できるならば、あえて危険をおかして公然たる土地侵犯を行う必要があろうか。密猟によって密《ひそ》かに目的を達せられるならば、薪、魚、狩りの獲物への権利を表立って請願する必要もないだろう。[20]

スコットは、この「底流政治」を「不服従の実践」、「日常型の抵抗」とも言い換えている。このような抵抗は、歴史的な記録には残らないにもかかわらず、しばしば歴史上の事件に決定的な影響を与えてきた。スコットによれば、「アメリカ南北戦争における南部連合の敗北が、不服従と脱走の膨大な積み重ねによって引き起こされたことはほぼ間違いない[21]」という。つまり、不服従や逃亡は、言うならば「弱者の武器」なのである。ただし、逃亡はあくまでも反乱に対する「リスクの低い代替策」なのであって、選択肢の一つにすぎない。歴史の中では、「それらがうまくいかなくなってしまった時に、暴動、謀反、反乱といったより死に物狂いの公然たる戦いが生じた[22]」のだった。

このような「弱者の武器」としての「日常型の抵抗」についてのスコットの分析は、現代の資本主義社会にもそのまま当てはまる。マイケル・ハートとアントニオ・ネグリは二〇〇九年の共著『コモンウェルス』で次のように述べている。

生政治的文脈においては、階級闘争は脱出［exodus］の形をとる（中略）。ここで脱出というのは──少なくとも当初の意図としては──労働力の潜勢的な自律性を実現することによって、資本との関係から身を引き離すことを意味する。したがって脱出とは、生政治的労働力の生産性を拒否することではなく、資本がその生産能力にかける束縛、増大しつつあるその束縛を拒否することだ。それは、資本との関係を超出する生産能力を表現するものであり、資本の社会的関係の開口部をくぐり抜け、入口を突破することによって達成される。[23]

「生政治 bio-politics」というのは、権力による監視と管理が個々人の内面にまで浸透し、支配的秩序が自発的服従によって支えられている状態を指す言葉である。けっしてわかりやすい表現ではないが、生産能力の担い手としての労働者が資本主義的秩序から「脱出」することに、闘争としての大きな意味が付与されていることは明らかだろう。ここで「脱出」と訳されている原語「エクソダス」は、『旧約聖書』の「出エジプト記」を表す言葉でもある。資本主義的束縛から逃れること。逃れるための階級闘争。それは、具体的には次のことを意味する。

肝に銘じておくべきなのは、大きな破壊力をもつ武器が必ず勝つわけではないということだ。それどころか今日では、「非武装のマルチチュード」のほうが武装集団よりはるかに実効性があり、脱出のほうが正面攻撃より強力である可能性が高まりつつあると私たちは見る。この文脈でいう脱出とは多くの場合、妨害行為［sabotage］や共同作業からの離脱、さまざまな対抗文化の実践、全般化された不服従といった形をとる。[24]

スコットの分析との類似性は明らかだろう。「脱出」とは「日常型の抵抗」の総称であって、反乱のようなリスクの大きい「正面攻撃」を避けながら、実効的な打撃を持続的に与える行為なのである。サボること、仕事を一緒にしないこと、不服従。ハートとネグリらしいのは、「さまざまな対抗文化の実践」までもが、「脱出」に含まれていることである。

今一度、スコットが挙げる「底流政治」の具体例を書き写してみよう。それは、「だらだら仕事、密猟、こそ泥、空とぼけ、サボり、逃避、常習欠勤、不法占拠、逃散といった行為」だった。それにハートとネグリの「脱出」の具体例を重ねてみる。「妨害行為や共同作業からの離脱、さまざまな対抗文化の実践、全般化された不服従」。

私たちに密猟や不法占拠をする機会があるかどうかわからないが、だらだら仕事、空とぼけ、サボり、常習欠勤、不服従、といった行為なら、今すぐにでもできそうな気がする。これが現在もっとも手近で現実的な資本主義からの「脱出」の方法であり、ハートとネグリに言わせれば、労働者による「階級闘争」の一形態なのである。

3　負債と奴隷制——グレーバー

スコットが対象としたのは、国家的支配や奴隷制から逃亡した人びとの二〇〇〇年にわたる「無政府的な歴史」だった。それに対して、人類史における「貨幣と暴力の五〇〇〇年」の中で奴隷制の意味を再検討したのが、やはりアメリカの人類学者であるデヴィッド・グレーバーの大著『負債論』（二〇一一年）だった。

「貨幣と暴力の五〇〇〇年」という邦訳の副題が示すように、この本のテーマの一つは、貨幣と交換をめぐる文明史を再検討することである。この本の最初の方で早速グレーバーは、人類学の考察に基づいて、スミスの『国富論』以来の経済学の教科書的な常識を覆す。「物々交換を発見した者はどこにもいない」というのである。彼は、ケンブリッジ大学のキャロライン・ハンフリーの論文から次のような「結論」を引用している。

物々交換経済について純粋で単純な事例が記述されたことなどない。物々交換からの貨幣の発生についてはなおさらである。入手可能なあらゆる民族誌が、そんなものは存在していなかったことを示している。[25]

要するに、経済学の入門的教科書に書かれているように、まずは余剰生産物の物々交換が行われ、その後に交換のための便利な手段として貨幣が発見され、あるいは特定の財が貨幣として選ばれ、さらに次第に信用経済のシステムが発展した、という「物語」は空想の産物だということである。グレーバーはこう続けている。

事態の進行はまったく逆方向だったのである。わたしたちがいま仮想貨幣と呼んでいるもののこそ、最初にあらわれたのだ。硬貨の出現はそれよりはるかに後であって、その使用は不均等にしか拡大せず、信用システムに完全にとってかわるにはいたらなかった。それに対して物々交換は、硬貨あるいは紙幣の使用にともなう偶然の派生物としてあらわれたようにみえる。歴史的にみれば物々交換は、現金取引に慣れた人びとがなんらかの理由で通貨不足に直面したときに実践したものなのだ。[26]

それでは、最初に出現したという「仮想貨幣 virtual money」とは、何を指しているのか。グレーバーによれば、それは「抽象的な尺度単位」のことである。そしてそれは、実際の交換のためのさまざまな「代用貨幣 token」の使用に先だって、そのはるか以前の時代に出現していたという。しかし、それでは、尺度単位としての貨幣は何の尺度だったのだろうか。
そこで次の問いは当然、以下になる。貨幣が尺度にすぎないなら、それはなにを測定するのか？　答えは単純だ。負債である。一枚の硬貨とは実質的に借用証書（ＩＯＵ）なのである。[27]

グレーバーの主張を言い換えれば、こういうことである。つまり、文明史の初発に存在するのは負債を負う、そして負債を返す、という人間関係のあり方であり、その負債を量的に計算する必要から生まれたのが貨幣なのである。負債の歴史が貨幣の歴史なのだ。そしてさらに、負債と密接に結びついているのが、奴隷制なのである。これに関連して、グレーバーは、デンマークの探検家であり人類学者でもあるピーター・フロイヘンがグリーンランドの狩猟民族イヌイットの社会で経験したエピソードを紹介している。

ある日、セイウチ猟がうまくいかず腹《はら》を空《す》かせて帰ってきたとき、猟に成功した狩人の一人が数百ポンドの肉をもって来てくれたことについて、フロイヘンは語っている。彼はいくども礼を述べたのだが、その男は憤然として抗議した。／その狩人はいった。「この国では、われわれは人間である」。「そして人間だから、われわれは助け合うのだ。それに対して礼をいわれるのは好まない。今日わたしがうるものを、明日はあなたがうるかもしれない。この地でわれわれがよくいうのは、贈与は奴隷をつくり、鞭が犬をつくる、ということだ[28]」。

贈与が奴隷をつくる。これはどういうことだろうか。ここでイヌイットの言葉を「贈与 gift」と翻訳したのはフロイヘンだと思われるが、グレーバーはそれこそが「負債」、つまり「貸し借り」の関係だと理解している。イヌイットが批判して拒絶したのは、セイウチの肉を受け取ることによって「恩義を感じる」こと、「負い目を感じる」こと、そして「負債」を返さなければならないと思うことなのだ。

お礼を述べることを拒否する社会、負債を負うことを忌避する社会について、グレーバーは次のように説明を加えている。

これに似た貸しと借りの計算の拒絶は平等主義的な狩猟社会についての人類学文献全般にみいだされる。狩猟民は経済的計算の能力ゆえにみずからを人間であると考えるかわりに、そのような打算の拒絶、だれがなにをだれに与えたか計算したり記憶することの拒絶に真に人間であることのしるしがあると主張した。それ［貸借計算］をしてしまえば、「力と力を比較し、測定し、計算すること」をはじめてしまう世界、負債を通じてたがいを奴隷あるいは犬に還元しはじめる世界を形成してしまう。まさにそういう理由からである。[29]

このような「平等主義的な狩猟社会」は、幸いなことにまだそのいくつかが地球上に存在していて、それが人類学者の考察対象となっている。[30]しかし、それ以外の圧倒的に多数の社会は、贈与に対してお礼を言い合い、お互いに負い目を感じ、負債を負い、そして負債を返す人間たちの社会となった。つまり、奴隷をつくる社会である。そしてそれが、いわゆる「文明社会」なのである。

それでは、そもそもなぜ負債が奴隷をつくるのか。グレーバーは負債が実は一つの「交換のシステム」であることを、次のように説明している。

だれかに恩恵をこうむる［親切にしてもらう］ことと負債を負うこととの違いは、負債の場合にはその量が厳密に計算されていることにある。計算は等価性を要請する。そしてそうした等価性――とりわけ人間のあいだの等価性をふくむとき（つまるところ人間は常に究極的な価値であるがゆえに、出発点はいつも人間間の等価性の設定であったようにおもわれる）――があらわれるのは、人びとがみずからの文脈から力づくで切り離され、なにかと同等であるかのように扱われるときのみなのである。「捕虜になった兄弟を返す代わりに七つのイワツバメの皮と一二の大きな銀の指輪」、「一五〇ブッシェルの穀粒を貸す担保として三人の娘のうちの一人」（…）といった具合に。[31]

この「人間間の等価性の設定」に基づく交換を貫く論理が、奴隷を生み出すことになる。なぜなら、奴隷とはモノのように売り買いされる人間のことだからである。しかし、もっと重要なのは、なぜ人間を売り買いすることができるようになるのか、というその思想的根拠を問うことである。ここでもやはり「文脈」からの切り離しが決定的な契機となる。

人間経済において、なにかを売ることができるようにするには、まずそれを文脈から切り離す必要があるのだ。奴隷とはまさしくこれである。すなわち、奴隷とはじぶんたちを育てあげた共同体から剝奪された人びとのことである。[32]

文脈から切り離された人間。家族からも共同体からも切り離されて、故郷とは別の場所で、別の共同体の中に放り込まれながら、その中の誰とも関係のない「よそ者」として取り扱われる人間。それが「奴隷」である。そのような存在だからこそ、奴隷を獲得した側の共同体の成員からすれば、その人間をモノのように売り買いし、場合によっては傷つけたり殺したりすることさえもできたのである。

そのように人間をモノとして取り扱う経験が蓄積されることによって、やがて賃労働が生み出されることになる。「賃労働の起源は歴史上の広範囲にわたる奴隷制である」[33]。しかし、奴隷制がどのようにして賃労働を準備したのだろうか。

これまで見てきたように、自由主義のイデオロギーに従えば、「自由な労働者」とは、労働力という商品の所持者として、自らの自由な意志に基づいて、自らの労働力の使用を「制限された時間の中で」資本家に販売し譲渡する自由人のことだった。グレーバーが問題にするのは、そのような擬制の成立根拠である。彼はこう述べる。

> わたしたちがわたしたち自身を所有しているということは、奇妙なことに、わたしたち自身に主人と奴隷の役割を同時に割り当てることなのだ。「われわれ」は（財産に対して絶対的権能を行使する）所有者であると同時に（絶対的権能の対象である）所有される事物でもある。古代ローマの世帯は、歴史のもやのうちに忘却されたどころか、わたしたち自身についての最も基本的な概念のうちに保存されている。[34]

古代ローマの「世帯」とは、古代ギリシアの「家」とほぼ同じものだと考えればいいだろう。「はじめに」でアリストテレスの言説に即して見たように、古代地中海世界の経済的生活単位である「家」は、狭い意味での家族（血縁関係集団）だけではなく、「自由人と奴隷」、「主人と奴隷」の関係をも含むものだった。

グレーバーが指摘しているのは、「自由な」賃金労働者とは、主人であると同時に奴隷でもある人間、自分自身が主人と奴隷に二重化してしまった人間だ、ということである。主人としての私は、奴隷の所有者として、私の所有する奴隷を資本家に売り渡す。資本家に売り渡された労働力としての私は、まさに奴隷として、資本家の指揮命令のもとで労働に従事する。契約を交わすのは主人だが、働くのは奴隷である。自分自身をモノだと見なすことによって成立するこのような倒錯した論理が、資本主義的生産様式を支えているのである。

グレーバーに言わせれば、これこそが「資本主義の秘められたスキャンダル」だった。彼はこう続けている。

すなわち、資本主義はいかなる時点においても「自由な労働」をめぐって組織されていたことなどなかったのである。南北アメリカ大陸の征服は大規模な奴隷化とともにはじまり、その後、徐々に負債懲役、アフリカ人による奴隷制、「年季奉公制」など、多様な形態に落ち着いていった。「年季奉公制」とは、前金を受け取った後で返済のために五年、七年あるいは一〇年といった一定の期間拘束される労働者の契約労働を使用することである。[35]

そのようなさまざまな形態の奴隷制が続いた後に、自分が自分の売り手となる賃金労働制度が確立したのである。

このように、資本主義が実は奴隷制によって支えられている、というのが、グレーバーが明らかにした「資本主義の秘められたスキャンダル」なのだが、彼はそれとは別に、もう一つの「資本主義のスキャンダル」も暴露している。それが、コミュニズムである。つまり、資本主義は実はコミュニズムによって支えられている、ということである。

グレーバーが「コミュニズム」と呼ぶのは、「『各人はその能力に応じて［貢献し］、各人にはその必要に応じて［与えられる］』という原理にもとづいて機能する、あらゆる人間関係[36]」のことである。それは、マルクスが構想したような国民的規模の社会体制を意味するものではない。グレーバーはこう説明している。

実のところ、「コミュニズム」は、魔術的ユートピアのようなものではないし、生産手段の所有ともなんの関係もない。それは、いま現在のうちに存在しているなにかであり、程度の差こそあれあらゆる人間社会に存在するものなのだ。ただしこれまでに、あらゆるものごとがそのような「コミュニズム的」やりかたで組織されたことはないし、どのようにしてそれが可能なのかも想像することはむずかしい。しかし、わたしたちはみな、かなり多くの時間をコミュニストのようにふるまってすごしている。とはいえ、一貫してコミュニストのようにのみふるまう者はいない。この単一の原理によって組織されたひとつの社会という意味での「コミュニズム社会」が存在することは、決してありえない。だが、あらゆる社会システムは、資本主義のような経済システムさえ、現に存在するコミュニズムの基盤のうえに築かれているのだ。[37]

要するに、グレーバーの言う「コミュニズム」とは、複数の人間が協働するときに作用している原理のことである。彼の挙げている例でいえば、水道を修理している誰かが「スパナを取ってくれないか」と依頼するとき、その同僚が「その代わりに何をくれる？」などと応答することはない。つまり、贈与や負債、交換や奴隷制の対極に位置する人間関係の原理こそ「コミュニズム」なのである。

真剣になにごとかを達成することを考えているなら、最も効率的な方法はあきらかに、能力にしたがって任務を分配し、それを遂行するため必要なものを与え合うことである。ほとんどの資本主義企業がその内側ではコミュニズム的に操業していることこそ、資本主義のスキャンダルのひとつである、ということさえできる。[38]

このような協働の原理を、グレーバーは「基盤的コミュニズム baseline communism」[39]とも呼んでいる。それがなければ、そもそも人間の「社会」そのものが成り立たないからである。しかし、そうだとすれば、それは私たちにとって何を意味しているのだろうか。

今一度確認しておこう。グレーバーによれば、資本主義は奴隷制に支えられていると同時に、コミュニズムにも支えられている。それが二重の意味での「資本主義のスキャンダル」だった。私たちは、自分自身の労働力の所有者として、奴隷の主人として、自分の奴隷を資本家に、企業に売り渡す。そして資本家のもとで、企業の中で、奴隷として労働する。しかし、その職場の中で私たちは「コミュニズム的に」協働している。職場でも、家庭でも、地域でも、同僚や家族や友人たちとの関係の中で、私たちは「コミュニズム的に」行動している。この二重性が私たちの未来を考える際の一つの鍵になるだろう。

グレーバーは、一六世紀のイギリスやドイツで勃発した農民戦争の時代を振り返りながら、次のように述べていた。

農民たちが構想したコミュニズム的同胞愛は、どこからともなくやってきたわけではない。それは、共有地や共有林の維持、毎日の協同作業、隣人どうしの連帯といった、現実の日常的経験に根ざしていた。偉大な神話的構想は、常にこういった日常的コミュニズムの素朴な経験から築かれる。いうまでもなく、農村共同体もまた分断され、場所をめぐって争い合う。共同体とは常にそういうものである。だがそれらが共同体である以上、必然的に相互扶助にもとづいて成り立っている。[40]

現代の資本主義的企業内部における「奴隷たちのコミュニズム」も、この「コミュニズム的同胞愛」を育むだろうか。職場や地域での「日常的コミュニズム everyday communism」の素朴な経験は、私たちが「相互扶助」に基づく共同体の形成に向かうことを可能にしてくれるだろうか。

4　資本主義の終焉《しゅうえん》を生きる

現在の私たちが生きている社会は、資本主義社会である。その中で、私たちの大部分は賃金労働者として生活している。私たちは労働力を売り渡すことによって得られる賃金に依存して生活しているが、資本主義という経済システムもまた、私たちの労働を搾取する一方で、私たちが受け取る賃金からなる購買力（個人的消費）にも依存して、存続している。少なくとも、これまではそのようにして存続してきた。

しかし、新自由主義的反革命の行き過ぎとグローバリゼーションの行き詰まりによって、多くの資本主義諸国では、所得と資産の不平等（経済格差）が拡大するとともに、労働者の購買力（有効需要）の冷え込みに直面することになった。「資本主義的生産様式の矛盾」が改めてあらわになってきたのである。マルクスは、『資本論』第一巻の刊行後、一八六八年から一八七〇年にかけて書いた『資本論』第二部のための第二草稿に、次のような文章を残している。

資本主義的生産様式における矛盾。労働者は商品の買い手として市場にとって重要である。しかし、彼の商品——労働力——の売り手としては、その価格を最低限に制限する傾向がある。もう一つの矛盾。資本主義的生産がそのすべての潜勢力を発揮する時代は、きまって過剰生産の時代となって現れる。なぜならば、生産の潜勢力は、それによって剰余価値がたんに生産されるだけではなく、実現もされうる場合に限ってのみ充用されるべきものだが、しかし、商品の販売、商品資本の実現、したがってまた剰余価値の実現は、社会の消費欲望によって限界を画されているのではなく、その大多数の成員がつねに貧乏であり、また貧乏であり続けなければならないような社会の消費欲望によって限界を画されているからである。[41]

この断章は、マルクス死後の一八八五年にエンゲルスが編集して出版した『資本論』第二巻に「注」として挿入されている。ただし、現行版の文章にはエンゲルスの修正が加わっていて、しかもエンゲルスが草稿を誤読したために意味が逆転している個所があるので、ここではマルクスの草稿に即して訳してある。ここでマルクスが言っているのは、資本主義は労働者の搾取に基づく生産様式なので、社会の大多数を占める労働者の購買力（有効需要）に対してつねに「過剰生産」に陥るほかはない、ということである。生産した商品が売れず、剰余価値が実現できなくなったら、つまり利潤が獲得できなくなったら、資本主義は存立できなくなる。それが、資本主義的生産様式の抱える基本的な「矛盾」だというのである。

一九八〇年代に始まった新自由主義的反革命は、反革命に成功したがゆえに、この「資本主義的生産様式の矛盾」を激化させることになった。資本主義の危機が始まる。そして、資本主義の危機は「自由な労働者」の危機でもある、と指摘したのが、グレーバーだった。

グレーバーによれば、新自由主義のもとでの「新しい分配体制」においては、「すべての労働者が自由な賃労働者であることさえ、実現の見込みは薄いようにみえてきた」。つまり、普通の労働者に「家や駐車場をもち子どもたちを大学に入れるような生活を与えること」が、もはや不可能になった、ということである。それをグレーバーは「包摂の危機 a crisis of inclusion」と呼んでいる。[42]

そのような危機が引き起こしたのが、「いまや万人が負債を抱えているという事実[43]」である。つまり、収入が減少した労働者がこれまでのような生活を続けるためには、クレジットやローンや奨学金という名前の「負債＝借金」に依存せざるをえない、ということである。グレーバーはこう付け加えている。「この世界において『借りを返すこと』はモラルの定義そのものとみなされている。たんに多くの人びとがそれに失敗するからだとしても[44]」。

資本主義の「危機」は、資本主義の「終わりの始まり」でもある。すでに多くの人が「資本主義の終焉」について語り始めている。世界システム論の主唱者として知られるアメリカの社会学者イマニュエル・ウォーラーステインは、二〇一三年に出版した編著『資本主義に未来はあるか?』の中で、これまで五〇〇年間続いてきた「近代世界システム」は「今や終わりを迎えた」[45]と断言するにいたった。彼は次のように結論づけている。

要するに、私たちが生きている近代世界システムは、公正さからあまりに遠ざかってしまったので、存在し続けることができず、もはや資本家が資本を際限なく蓄積することを許さないのである。下層階級も、もはや歴史が自分たちに味方して、自分の子どもたちが必然的に世界を相続することになるとは信じていない。その結果、私たちは後継システムをめぐる争いという構造的危機の中に生きている。その結果は見通せないが、今後数十年のうちに勝負の決着が付き、かなり安定した新しい世界システム（あるいは世界システム群）が確立されると確信していいだろう。私たちにできることは、歴史的選択肢を分析し、好ましい結果について道徳的選択を行い、そこにいたるための最善の政治的戦術を評価することである。[46]

ウォーラーステインが「今後数十年のうちに」確立するはずの「安定した新しい世界システム」に期待を寄せているのに対して、むしろ資本主義の「構造的危機」がもっと長期間にわたって持続するという暗い未来像を描いているのが、ドイツの社会経済学者ヴォルフガング・シュトレークである。彼は二〇一六年の著書『資本主義はどう終わるのか』で、具体的な例を挙げながら資本主義の「危機的状況」について詳しく論じている。

資本主義が「危機的状況にある」ことの兆候は、シュトレークによれば、第一に、主要な資本主義諸国の経済成長率がたえず低下していること、第二に、国家債務と一般世帯債務、企業債務ともに金融債務額が増加していること、第三に、所得と資産の両面で経済格差が拡大していること、である。[47]彼はさらに、資本主義の発展が「これまで資本主義そのものに制限を加えて安定させてきた装置のすべてを破壊してしまった」[48]という事実を指摘している。社会保障制度の縮減、労働組合の解体、社会主義や社会民主主義の諸政党の弱体化。つまり、これまで資本主義的搾取の強化に対するブレーキ装置の役割を果たしてきた諸制度の破壊である。

このような事実に基づいて、シュトレークは次のような近未来の見通しを引き出した。

現在の資本主義システムは、すくなくとも五つの症状――低迷する経済成長、オリガーキー［少数者独裁制］、公共領域の窮乏化［社会福祉予算の削減と民営化］、腐敗［巨大企業の違法・脱法行為］、そして国際的な無秩序化――に苦しめられており、それらの症状を治療する手立ては見つからない。資本主義の最近までの歴史をふりかえれば、これから資本主義は長期にわたって苦しみながら朽ちていく、ということが予測される。今後、ますます衡突と不安定化、不確実化が広がり、「正常なアクシデント」が着実に繰り返されていくだろう。そこからかならずしも一九三〇年代に匹敵する大崩壊が起こるとはかぎらないが、そうなる可能性はきわめて高いだろう。[49]

ここでシュトレークが言及している「正常なアクシデント normal accidents」というのは、一九七九年のスリーマイル島原子力発電所事故を受けてアメリカの社会学者チャールズ・ペローが使った言葉で、航空機事故や原発事故のように、些細《ささい》な操作ミスが想定外の機能不全の複合的相互作用を連鎖的に引き起こして不可避的に重大な結果にいたるという、技術システムの複雑さそのものに起因する事故のことである。[50] シュトレークがこの言葉を使ったのは、おそらく二〇一一年三月一一日の福島第一原子力発電所の事故とその後の遅々として進まない廃炉の過程を踏まえてのことである。

それに劣らず深刻なのは、このような資本主義の「不安定化、不確実化」という危機的状況が労働者の意識に及ぼす影響である。シュトレークは、次のように指摘している。

資本主義社会の圧倒的多数の人々にとって、経済的・技術的な再編は、自分が職場から追われ、生産過程から排除される怖《おそ》れをもたらすものである。ゆえに資本主義は人々にたいして、資本主義社会の生み出した富と権力が甚しく不平等に分配されることを受け入れさせ、かつ社会秩序としての資本主義の正当性を信じ込ませるように努める必要がある。そのため、きわめて複雑な（そして当然ながらその場しのぎの）さまざまな制度やイデオロギーをでっちあげなければならない。不安定労働者（不安定＝非正規であるがために従順にさせられた労働者）を、労働市場と雇用の根本的不安定性を前にしてなお嬉々《きき》として消費社会の義務を果たす、忠実な消費者へと転換する際にもおなじことが当てはまる。[51]

かつて、ポスト・ケインズ派の経済学者ジョーン・ロビンソン（一九〇三〜一九八三）は『経済哲学』（一九六二年）という著書の中で、「資本家に搾取される悲惨さよりも悪い唯一のことは、まったく搾取されない悲惨さだ[52]」と指摘した。つまり、仕事を失い、生活の糧を失うことの「悲惨さ」である。シュトレークが言うのは、失業への恐怖が非正規労働者を「従順な労働者＝忠実な消費者」にする、ということである。

しかし、グレーバーが指摘したように、現在の低賃金労働者は、負債＝借金を負うことなしには「忠実な消費者」にもなれない状態に置かれている。それが、新自由主義によってむしろ強化された「資本主義的生産様式の矛盾」が労働者にもたらしている「貧乏であり続けなければならない」という切実な現実である。資本主義の危機は「隠された奴隷制」を強化しているのである。シュトレークも次のように指摘している。

現代の資本主義が崩壊しつつあるのはそれ自体によって、つまりその内的な矛盾によって崩壊しつつあるのであって、敵によって征服されたからではない。（中略）資本主義の敵は、しばしば資本主義に新しい形態を引き受けるよう迫り、結果的に資本主義を資本主義自体から救い出してきた。現在進行中の最終的危機を経て資本主義に代わるのは、社会主義やその他の明確な社会秩序ではなく、長い空白期間であろう。そこにはウォーラーステイン流の新しい世界システムの均衡は存在せず、社会的混乱と無秩序が支配する時代となる（まさに不安と不確定性の時代である）[53]。

このような「資本主義の崩壊」を引き起こした原因は、「資本主義が成功し、敵を乗り越え、自身に適している限度を超えて資本主義的になりすぎてしまったこと[54]」にある。資本主義は労働者階級の抵抗を打ち砕き、階級闘争に完全に勝利した結果、自らの存立根拠そのものを蝕《むしば》むことで崩壊を始めたのである。そしてシュトレークは、この「社会的混乱と無秩序が支配する時代」には、新自由主義的なイデオロギーがむしろ強化される可能性さえも見据えている。

制度が社会的行為を規定することができなくなると、社会秩序を維持する役割は文化に求められる。(中略)そしてポスト資本主義の空白期間におけるポストソーシャル社会で人々の行動プログラムを支配するのは、次のような新自由主義のエートスである。すなわち、競争に勝つための自己啓発、市場に役立つ人材[human capital]の育成、仕事への情熱的な献身、政府が機能しない世界がもたらすリスクを呆《あき》れるほど楽観的に受け入れる態度である。[55]

資本主義崩壊後の「社会的混乱と無秩序」を生き抜くための「自己啓発」と「人的資本の育成」。自分自身のサバイバルのための新自由主義的競争社会。これはほとんどディストピアもののSFが好んで描くような悪夢の世界だ。しかし、それしかないわけではもちろんない。

資本主義の「終わりの始まり」を生き抜くための試みは、現に世界の各地でさまざまな形で模索されている。たとえば、フリージャーナリストの工藤律子が紹介しているスペインの「社会的連帯経済」もその一つだ。協同組合やNPO、財団、共済組合、さらにフェアトレードやマイクロクレジットなどによって構成される経済システムである。それを工藤は、「雇用なしで生きる」生き方と名づけている。

工藤が紹介しているのは、カタルーニャ州を中心に実践されている協同組合運動だが、その詳細については、直接に彼女の報告を見てほしい。概略だけ紹介すれば、そこでは、たとえば、社会福祉・教育関係の労働者協同組合のような「社会的連帯経済関係の団体を対象に資金の貸付けを行う協同組合」が存在しており、しかもその「組合を支援する金融組合を、お金を借りる側が組合員となって構成している」という。[56] 日本にも生活協同組合はたくさんあるし、信用金庫という形での金融協同組合も存在するが、労働者協同組合やＮＰＯそのものが組合員となって構成する金融協同組合のネットワークという経済システムは、私たちの未来を考える上でも示唆的である。

このような「社会的連帯経済」のさまざまな試みを踏まえて、「資本主義における主要な矛盾」をマルクスとは別の形で提示して見せたのが、イギリスのジャーナリスト、ポール・メイスンの『ポストキャピタリズム』だった。「私たちの未来へのガイド」という副題をもつこの本は、二〇一五年に出版されると翌年にはペンギンブックスのペーパーバック版で再版され、すぐさま英語圏でのベストセラーとなった。彼の描く「ポスト資本主義」の未来は、シュトレークとは対照的にきわめて明るい。

メイスンによれば、「現代資本主義における主要な矛盾は、財が無料で社会的に潤沢に作られる可能性と、権力と情報の統制を維持しようともがく独占、銀行、政府のシステムとの間に存在している」。[57] その両者の闘いの中で彼が提案するのは、「古いシステムの内部に新しいシステムの諸要素を小さな単位で分子状に築くこと」である。「協同組合、信用組合、ピアネットワーク、顧客自身が管理運営する事業、並行するサブカルチャー経済の中には、それらの諸要素がすでに存在している」からだ。[58]

そのような、すでに存在する「諸要素」を組織的なプロジェクトに育てること。それが、メイスンの提案である。彼が「新しいシステム」につながるプロジェクトの例として挙げるのは、主にインターネットに関連した「ウィキペディア、オープンソース［ソースコードの自由利用］、公開情報基準、低炭素エネルギー設備[59]」などである。その限りでは、彼が構想しているのは「情報経済」の非営利的展開だということになるだろう。

しかし、それだけではない。メイスンがもう一つ強調するのが、「協働型 collaborative」のビジネスモデルへの転換である。彼が移行期におけるその過渡的な例として挙げるのがスペインの「モンドラゴン協同組合」であり、それを成功例と見なす理由は、労働者協同組合が「地元の貯蓄銀行の支援を受けている」ことにある。[60] つまり、メイスンが想定しているのも、工藤が紹介した「社会的連帯経済」と同じ労働と金融の協同組合的ネットワークからなる経済システムなのである。

メイスンは、「モンドラゴン協同組合はポスト資本主義の理想像［paradise］ではない」と断りながらも、次のように述べている。

ネットワークを基盤とする移行において、協働型ビジネスモデルは私たちが促進できる最も重要なものだ。これもまた、しかしながら、もっと進化しなければならない。協働型ビジネスモデルが非営利ビジネスになるにはまだ十分とは言えないからだ。協同組合のポスト資本主義的形態は、その出発点である市場的活動の基盤に反対して、非市場の、非管理の、非貨幣基盤の活動を拡大しようとするだろう。（中略）私たちに必要なのは、その法的形態が真の協働型の生産や消費によって支えられている協同組合であり、その社会的結果は明確である。[61]

シュトレークの描く「新自由主義的競争社会」という暗い未来か、それともメイスンの構想する「協同組合的ネットワーク社会」という明るい未来か。資本主義の終焉を生きる私たちの前にあるのは、そのような二つの可能性のどちらに進むのかを私たち自身が選択する、そのような分岐点なのである。

終章――私たちには自らを解放する絶対的な権利がある

奴隷には自らを解放する絶対的な権利がある。それがヘーゲルの確信だった。ただし彼は、一定の時間を限って自らの労働力を譲渡する「自由な労働者」にはそれを認めなかった。「自由な労働者」はすでに「自由」なはずだからである。

しかし、マルクスがスミスやヘーゲルを批判して主張したのは、「自由な労働者」は実際には「自由」ではない、ということだった。「隠された奴隷制」とは、労働者がたとえ主観的に自分は「自由」だと思い込んでいるとしても、彼らは客観的には「奴隷」にほかならない、ということだった。したがって、資本主義的生産様式のもとで雇用されて働く賃金労働者にもまた、自らを解放する絶対的な権利がある、というのがマルクスの確信だったのである。

私たちにも、自らを解放する絶対的な権利がある。しかし、ヘーゲルがかつて奴隷にそう期待したように、そしてマルクスが賃金労働者にそう期待したように、自らを解放するためには、自らが闘わなければならない。他人に解放してもらうことを期待して現状を耐え忍ぶだけでは、自らを解放することはできない。自分で何とかしなければ、誰も何もしてくれない。自らが闘ってこそ、他人の協力を得ることも可能になる。そして、第六章で確認してきたように、人びとは昔からさまざまな方法で奴隷制から逃れようとしてきた。

現代の日本で、私たちがその中に置かれている「隠された奴隷制」を自覚する一つの大きなきっかけとなったのは、「ブラック企業」という言葉の広がりだったと思う。「この言葉の最初期の使用例の一つは、二〇〇五年七月二五日の日付がある『ブラック企業の見抜き方（パクリ）』と題された［インターネット上の］情報[1]だそうだが、その後、IT企業の労働現場に関するインターネット上のスレッドを元にした黒井勇人名義の本『ブラック会社に勤めてるんだが、もう俺は限界かもしれない』（新潮社）が二〇〇八年に出版され、それが翌二〇〇九年に小池徹平主演・佐藤祐市監督で映画化されたことで、「ブラック会社／ブラック企業」という言葉が一挙に広まった。

二〇一二年には、若者の労働相談を受け付けるNPO法人POSSEの代表である今野晴貴の著書『ブラック企業――日本を食いつぶす妖怪』（文春新書）がベストセラーとなって二〇一三年度の第一三回大佛《おさらぎ》次郎論壇賞を受賞し、「ブラック企業」という言葉は二〇一三年の「新語・流行語大賞」（自由国民社主催）のトップ一〇にも選ばれた。

この言葉の画期的な意義は、労働者の「自己責任」意識を解除し、自分に強いられている低賃金・長時間労働の責任を企業の側に投げ返す機能をもったことにある。つまり、「悪い」のは、課せられた仕事をこなせない自分の「無能さ」や「弱さ」なのではなく、こなせないほどの量の仕事を押しつけてくる企業の「不当な」働かせ方にある、という批判の論理を多くの人に示したことにある。自分の会社が「ブラック企業」かもしれないと疑うこと、自分の上司が「ブラック上司」かもしれないと疑うこと、これは言語使用上の小さな一歩だが、「並外れた意識」を獲得するための大きな一歩である。

そして、「ブラック企業」から実際に逃れるためには、闘わなければならない。「ブラック」な束縛から逃れようとすることは、一つの階級闘争である。残業を拒否して定時で帰ること、休日出勤を拒否してしっかり休むこと、年次有給休暇を放棄せずに取得すること。これらはすべて階級闘争である。

朱野帰子《あけのかえるこ》の小説『わたし、定時で帰ります。』（新潮社、二〇一八年）には、「定時に帰るは勇気のしるし、だよ」という主人公の台詞《せりふ》が出てくる。[2] これは明らかに、一九八八年に登場した三共（現・第一三共ヘルスケア）の栄養ドリンク剤「リゲイン」のテレビコマーシャルのもじりである。そのコマーシャルソングの歌詞が、「黄色と黒は勇気のしるし、二四時間戦えますか」だった。弁護士や医師による電話相談の窓口として「過労死一一〇番全国ネットワーク」がスタートし、「過労死弁護団全国連絡会議」が結成されたのも、同じ一九八八年のことである。

朱野の小説には、次のような主人公の独白がある。「しかし、毎日定時に帰るためには、上司が無計画に振ってきた指示や、就業時間外に言いつけられた仕事は、よほどの緊急時でない限り、断らなければならない。それが『同僚に仕事を押しつけている』と言われればそうなのだろう。でも、すべてを引き受けていたらきりがない。断る人間がいなければ、誰も無駄な仕事を減らそうとはしないではないか[3]」。

たしかに「定時に帰る」には「勇気」がいる。上司の指示を断るには「勇気」がいる。そのためには、新自由主義が要求する「強い自己」や「自立心」とは違った意味での「強い自己」と「自立心」が必要となる。熊沢誠の表現を借りれば、「会社のため」ではなく、「自分の生活のため」に働くのだという確固とした意志である。そして何よりも同僚との連帯も必要になるだろう。ブラック企業の現状、そして資本主義の現状そのものは、個人では解決できないからだ。他の人びとと協力し助け合わなければ、現状を変えることはできないからだ。そのために存在するのが職場の労働組合であり、あるいは個人でも加盟できる地域のユニオンである。

しかし、そのような行動に踏み出す「強い自己」を、誰もがもっているわけではない。その場合は、逃げる、という手がある。これも第六章で見たように、逃げることも、奴隷制と闘う一つの方法なのだ。逃亡することとは、「野生化する」ことだった。会社を辞めること、雇われ続けるのを辞めること、会社を辞めて、グレーバーの言う意味での身近な「日常的コミュニズム」に依拠しながら雇われないで生きること。それも一つの階級闘争なのである。

資本主義というシステムそのものを全面的に変革することは、もちろんかんたんなことではない。しかし、資本主義そのものが今では危機的状況にある。資本主義の終焉が始まっている。そうした状況の中で、資本主義的賃金労働に従事することは、ますます苛酷なものになるだろう。部分的には、奴隷制はますます強化されていくだろう。それに抗《あらが》って、今までとは違う働き方を模索すること、地域の中で身近な人びとと協同する暮らし方を構築すること、分子状の小さな拠点からネットワークを構築すること。それもまた、一つの階級闘争である。

その先に、何を目指したらいいのか。私たちが奴隷ではなくなること、それは、私たちが自分の時間の主人公になること、「自由な時間」を手に入れることができるようになることだ。マルクスが『資本論』第三巻の末尾に置くつもりで書き残した文章を掲げておく。資本主義のその先に、彼は次のような世界を思い描いていた。

じっさい自由の国は、窮乏や外的な合目的性に迫られて労働するということがなくなったときに、はじめて始まる。つまり、それは、当然のこととして、本来の物質的生産の領域のかなたにあるのである。(中略)自由はこの［物質的生産の］領域の中ではただ次のことにしかありえない。すなわち、社会化された人間、協同した生産者たちが、盲目的な力によって支配されるように自分たちと自然との物質代謝によって支配されることをやめて、この物質代謝を合理的に規制し、自分たちの共同的統制のもとにおくということ、つまり、力の最小の消費によって、自分たちの人間的自然に最もふさわしく最も適合した条件のもとで、この物質代謝を行うということである。しかし、これはやはりまだ一つの必然性の国である。この国のかなたで、自己目的として認められる人間の力の発展が、真の自由の国が始まる。しかし、それはただ、あの必然性の国をその基礎としてその上にのみ花を開くことができるのである。労働日の短縮こそがその土台である。[4]

「自由の国」そのものはユートピアかもしれない。あるいは、はるか遠い未来にしか訪れないものかもしれない。私たちは食べ、飲み、着て、眠り、また起きて、生きている。人と出会い、人と語らい、家族を作り、子どもを育てて、暮らしている。そのような生活を続けていくためには、私たちはどのような形であれ、働かなければならない。

しかし、一日の労働時間を短縮すること、これはユートピアではない。自分たちが暮らしていくために必要な時間を超えて長い時間働くことをやめる。やめさせる。一日の労働時間をたとえ一時間でも短縮するために、そして自分の「自由な時間」を少しでも長く確保するために、自分にできることをする。それが、私たちが奴隷でなくなるための第一歩なのである。

あとがき

『プリズナーNo.6』というテレビドラマをご存じだろうか。イギリスのBBCに対抗する民間放送「チャンネル3」(Independent Television)が製作・放映した連続ドラマ(原題は"The Prisoner"全一七話)で、日本では、一九六九年の三月から六月にかけてNHKの深夜枠で放映された。私が高校生のときのことだが、勉強もしないで部屋の電気を消してこっそりテレビを見ていたのを家族に見つかって、こっぴどく叱られた記憶がある。

主演はパトリック・マクグーハン。英国の元課報《ちょうほう》部員である主人公は、「村」と呼ばれる場所(海に面したリゾートのようなところ)に囚われていて、「ナンバー・シックス」という番号を与えられている。しかし、なぜそんなことになったのか、その事情はさっぱりわからない。「村」の中を歩き回ることはできるが、その外に出ることはできない。主人公は毎回チャンスを見て「村」からの脱走を試みるが、さまざまなもの(たとえば、巨大なゴムボール)に妨害されて失敗に終わる、という終わりのない悪夢のような物語だった。

「自由とは何か」を考えるとき、私は時々このドラマを思い出す。主人公は「村」の住民に

「別の世界がある」と話しかけるが、住民たちは「村」の生活に満足していて、脱走計画には耳を貸さない。ひょっとして、私たちも実はどこかの「村」に囚われているのではないだろうか。そして、そのことに気づいていないのではないだろうか。

そもそも私たちの「自由」とは何だろう。私たちは本当に、日々自由に考え、自由に決断して生きているだろうか。社会心理学者の小坂井敏晶《こざかいとしあき》は、自伝的な著書『答えのない世界を生きる』（祥伝社、二〇一七年）の中で、人間の「自由意志」について次のように説明している。

> 人間社会は二種類の最終原因を捏造《ねつぞう》した。一つは〈外部〉に投影される神や天である。人間の生は摂理に従う。神が主体であり、その意志が人間の運命を定める。こういう物語である。そして近代が創出した、もう一つの最終原因が自由意志だ。神を殺し、〈外部〉に最終原因を見失った近代は、自由意志と称する別の主体を〈内部〉に捏造する。これが自己責任という呪文の正体である。
>
> （三〇一～三〇二頁）

その「自由意志」の結果としての「自己責任」については、小坂井は一〇年ほど前の『責任という虚構』（東京大学出版会、二〇〇八年）という著書で、すでにこのように説明していた。

近代的道徳観や刑法理念においては、自由意志の下になされた行為だから、それに対して責任を負うと考えられているが、この出発点にすでに大きな誤りがある。（中略）自由だから責任が発生するのではない。逆に我々は責任者を見つけなければならないから、つまり事件のけじめをつける必要があるから行為者を自由だと社会が宣言するのである。言い換えるならば自由は責任のための必要条件ではなく逆に、因果論的な発想で責任概念を定立する結果、論理的に要請される社会的虚構に他ならない。（一五六～一五七頁）

小坂井の言うことが正しいのだとすれば、私たちは、自分の置かれた状態や自分がしてきたことに対して「それは自己責任」だと他人から断定される場合に、それを「結果」として生み出した原因であるはずの「私の自由意志」を他人によって確認される、ということになる。本当にそうなのかどうか、これはじっくり考えてみるべき重要な問題だと思う。そして、この問題を考えるために私が導入した補助線が「奴隷制」だった。

本書が生まれたのは、三つの偶然が重なったことによる。一つ目は、書店の棚に並んでいたスーザン・バック＝モースの『ヘーゲルとハイチ』を偶然に見つけ、題名の意表を突く取り合わせに惹かれて手にしたことである。そして、この本を読む中で感じた一つの疑問から、ヘーゲルの法哲学講義録を最初から読み直すことになり、さらに、それではマルクスにとっての

「ハイチ」にあたるものはいったい何だろうか、と改めて考えることになった。二つ目の偶然は、ちょうどその頃に、「マルクス生誕二〇〇年記念国際シンポジウム」での報告を依頼されたことである。そこで、「隠された奴隷制」とは何か、というテーマを中心に「マルクスにおける資本主義と奴隷制」について話すことに決めた。そして、三つ目の偶然は、二〇一八年一二月二三日に東京で開催されたその国際シンポジウムの会場に集英社新書編集長の服部祐佳さんが出席していたことである。その会場での、「『隠された奴隷制』、本にしましょう」という服部さんの一声で出来上がったのが、本書である。

服部さんの提案とさまざまなアドバイスがなければ、報告時間三〇分の原稿だったものがこのような形に成長して日の目を見ることはなかった。また、集英社の校閲スタッフの皆さんのていねいな点検と新書編集部の藁谷浩一さんの的確なコメントのおかげで、最初の原稿よりも正確で読みやすい文章になったと思う。改めて心から御礼申し上げます。

植村邦彦

二〇一九年五月五日

註

【はじめに】

1 アリストテレス『政治学』牛田徳子訳、京都大学学術出版会、二〇〇一年、一二頁。

2 同書：一四～一五頁。

3 同書：一八～一九頁。

4 Anderson, Perry, *Passages from Antiquity to Feudalism*, London: New Left Books, 1974, p.28.
青山吉信・尚樹啓太郎・高橋秀訳『古代から封建へ』刀水書房、一九八四年、一九頁。

5 ibid. p.36. 三一頁。

6 ibid. p.176. 一八四頁。

7 ibid. p.235. 二四八頁。

8 Marx, Karl [1983] *Das Kapital: Kritik der politischen Oekonomie*, Bd.1, in: Karl Marx und Friedrich Engels, *Gesamtausgabe* [*MEGA*], Ⅱ/5, Berlin: Dietz. S.607.
岡崎次郎訳『資本論』第一巻、『マルクス＝エンゲルス全集』［以下『全集』］第二三巻第二分冊、大月書店、一九六五年、九九一頁。

【第一章】

1 丸山眞男「ジョン・ロックと近代政治原理」（「法哲学四季報」第三号、一九四九年八月）、『丸山眞男集』第四巻、岩波書店、一九九五年、一八九頁。

2 梅田百合香『ホッブズ――政治と宗教』名古屋大学出版会、二〇〇五年、四三頁。

3 Lebovics, Herman, 'The Uses of America in Locke's Second Treatise of Government', *Journal of the History of Ideas*, vol.47, no.4, October-December, 1986, p.567.

4 Locke, John, 'The Fundamental Constitutions of Carolina', *Locke: Political Essays*, edited by Mark Goldie, Cambridge: Cambridge University Press, 1997, pp.161-162.
山田園子・吉村伸夫訳『ロック政治論集』法政大学出版局、二〇〇七年、五頁。

5 ibid. p.166. 一一頁。

6 ibid. p.166. 一一頁。

7 ibid. p.180. 三一頁。

8 ibid. p.171. 一八頁。

9 三浦永光『ジョン・ロックの市民的世界――人権・知性・自然権』未來社、一九九七年、一三頁。

10 Williams, Eric Eustace, *Capitalism & Slavery*, with a New Introduction by Colin A. Palmer, Chapel Hill: The University of North Carolina Press, 1994, p.19.
山本伸監訳『資本主義と奴隷制――経済史から見た黒人奴隷制の発生と崩壊』明石書店、二〇〇四年、四九頁。

11 ibid. p.23. 五四～五五頁。

12 Buck-Morss, Susan, *The Origin of Negative Dialectics: Theodor W. Adorno, Walter Benjamin, and the Frankfurt Institute*, New York: Free Press, 1977.
――*The Dialectics of Seeing: Walter Benjamin and the Arcades Project*, Cambridge, MA: MIT Press, 1989.
高井宏子訳『ベンヤミンとパサージュ論――見ることの弁証法』勁草書房、二〇一四年。

13 Buck-Morss, Susan, *Hegel, Haiti, and Universal History*, Pittsburgh: University of Pittsburgh Press, 2009, pp.21-22.
岩崎稔・高橋明史訳『ヘーゲルとハイチ――普遍史の可能性にむけて』法政大学出版局、二〇一七年、二三〜二四頁。

14 ibid. p.29. 一五八〜一五九頁。

15 Montesquieu, Charles Louis de Secondat, *De l'esprit des lois*, in: *Montesquieu: Œuvres complètes*, tome Ⅱ, Paris: Gallimard, 1951, p.494.
野田良之他訳『法の精神』（上・中・下）岩波文庫、一九八九年、中・五八〜五九頁。

16 同訳書：中・三九八頁。

17 Montesquieu, *De l'esprit des lois*, p.490.
野田良之他訳『法の精神』中・五二頁。

18 ibid. p.496. 中・六一〜六二頁。

19 ibid. p.495. 中・六〇頁。

20 ibid. p.398. 上・二九三頁。

21 ibid. p.322. 上・一八〇〜一八一頁。

22 参照、ケンペル、エンゲルベルト『日本誌――日本の歴史と紀行』（上・下）、今井正編訳、改訂・増補版、霞ヶ関出版、一九八九年。

23 Montesquieu, *De l'esprit des lois*, p.490.
野田良之他訳『法の精神』中・五二頁。

24 ibid. pp.514-515. 中・九二頁。

25 ibid. pp.602-603. 中・二二六頁。

26 Rousseau, Jean-Jacques, 'Discours sur l'origine et les fondements de l'inégalité', *Rousseau: Œuvres complètes*, tome Ⅲ, Paris: Gallimard, 1964, p.170.
本田喜代治・平岡昇訳『人間不平等起原論』岩波文庫、一九七二年、九四頁。

27 ibid. p.171. 九五〜九六頁。

28 ibid. p.171. 九六〜九七頁。

29 ibid. p.178. 一〇六頁。

30 Rousseau, Jean-Jacques, *Du contrat social*, in: *Rousseau: Œuvres compètes*, tome Ⅲ, p.429.
桑原武夫・前川貞次郎訳『社会契約論』岩波文庫、一九五四年、一三三頁。

31 ibid. p.431. 一三五〜一三六頁。

32 Voltaire, François-Marie Arouet, *Candide ou l'optimisme*, in: Voltaire, *Romans et contes*, édition établie par Frédéric Deloffre et Jacques van den Heuvel, Paris: Gallimard, 1979, p.192.
斉藤悦則訳『カンディード』光文社古典新訳文庫、二〇一五年、一二一頁。

33 ibid. pp.192-193. 一二二〜一二三頁。

34 ibid. p.193. 一二三頁。

35 Mintz, Sidney Wilfred, *Sweetness and Power: The Place of Sugar in Modern History*, New York: Penguin Books, 1986, pp.46-47.
川北稔・和田光弘訳『甘さと権力――砂糖が語る近代史』平凡社、一九八八年、一一〇〜一一一頁。

36 保苅瑞穂『ヴォルテールの世紀――精神の自由への軌跡』岩波書店、二〇〇九年、一五九頁。

37 Jaucourt, Louis de, 'Esclavage', *Encyclopédie, ou dictionnaire raisonné des sciences, des arts et des métiers*, tome 5, par Denis Diderot et Jean le Rond d'Alembert, Paris: Briasson, David, Le Breton et Durand, 1759, p.939.

38 Voltaire, François-Marie Arouet 'Esclaves', *Œuvres de Voltaire*, éd. par M. Beuchot, Tome XXIX, Paris: Lefèvre, 1829, p.201.
高橋安光訳『哲学辞典』法政大学出版局、一九八八年、四六二頁。

39 ibid. pp.204-205. 四六四～四六五頁。

【第二章】

1 井野瀬久美恵『興亡の世界史16　大英帝国という経験』講談社、二〇〇七年、一三八～一四五頁。

2 Williams, Eric Eustace, *Capitalism & Slavery*, with a New Introduction by Colin A. Palmer, Chapel Hill: The University of North Carolina Press, 1994, p.52.
山本伸監訳『資本主義と奴隷制――経済史から見た黒人奴隷制の発生と崩壊』明石書店、二〇〇四年、九二頁。

3 Postlethwayt, Malachy, *The African Trade: The Great Pillar and Support of the British Plantation Trade in America*, &c., London: J. Robinson, 1745, pp.4-5.

4 詳しくは、植村邦彦『マルクスのアクチュアリティ――マルクスを再読する意味』新泉社、二〇〇六年、第四章「社会の建築術――〈土台と上部構造〉という隠喩の系譜」を参照されたい。

5 Postlethwayt, *The African Trade: The Great Pillar and Support of the British Plantation Trade in America*, &c., p.6.

6 ibid. p.14.

7 ibid. p.32.

8 ibid. p.33.

9 ibid. p.43.

10 Postlethwayt, Malachy, *The Universal Dictionary of Trade and Commerce*, the fourth edition, vol.1, London: H. Woodfall etc., 1774, 'America'.

11 Mizuta, Hiroshi, *Adam Smith's Library: A Catalogue*, Oxford: Clarendon Press, 2000, p.203.

12 Smith, Adam, *The Theory of Moral Sentiments*, edited by D. D. Raphael and A. L. Macfie, Oxford: Clarendon Press, 1976, p.134.
水田洋訳『道徳感情論』(上・下) 岩波文庫、二〇〇三年、上・四一四頁。

13 ibid. p.227. 下・二二九頁。

14 Mizuta, *Adam Smith's Library: A Catalogue*, pp.265-266.

15 Smith, *The Theory of Moral Sentiments*, p.205.
水田洋訳『道徳感情論』下・七七頁。

16 ibid. pp.206-207. 下・八一頁。

17 ibid. p.282. 下・二五八頁。

18 Ross, Ian Simpson, *The Life of Adam Smith*, Oxford: Clarendon Press, 1995, p.178.
篠原久・只腰親和・松原慶子訳『アダム・スミス伝』シュプリンガー・フェアラーク東京、二〇〇〇年、一九二頁。

19 Lee, Arthur, *An Essay in Vindication of the Continental Colonies of America, from a Censure of Mr. Adam Smith, in His Theory of Moral Sentiments. With Some Reflections on Slavery in General. By an American*, London: Printed for the Author, 1764, p.iii.

20 ibid. p.iv.

21 ibid. p.11.

22 ibid. p.24.

23 ibid. p.25.

24 Ross, *The Life of Adam Smith*, p.209.
篠原久・只腰親和・松原慶子訳『アダム・スミス伝』二二三頁。

25 ibid. p.213. 二二九頁。
26 Clarkson, Thomas, *The History of the Abolition of the African Slave-Trade*, vol.1, London: R. Taylor, 1808, pp.85-86.
27 Smith, Adam, *An Inquiry into the Nature and Causes of the Wealth of Nations*, vol.1 edited by R. H. Campbell, A. S. Skinner and W. B. Todd, Oxford: Clarendon Press, 1976, pp.98-99.
水田洋監訳・杉山忠平訳『国富論』（全四分冊）岩波文庫、二〇〇〇～二〇〇一年、①一四六頁。
28 川北稔『民衆の大英帝国』岩波現代文庫、二〇〇八年、五八頁。
29 Smith, *An Inquiry into the Nature and Causes of the Wealth of Nations*, vol.1 pp.387-388.
水田洋監訳・杉山忠平訳『国富論』②一九九頁。
30 ibid. pp.388-389. ②二〇〇～二〇一頁。
31 Hopkins, Leroy & Eric Ledell Smith, *The African Americans in Pennsylvania, The Peoples of Pennsylvania Pamphlet No.6*, The Pennsylvania Historical and Museum Commission, 1994.
32 Williams, *Capitalism & Slavery*, pp.135-136.
山本伸監訳『資本主義と奴隷制』二〇四頁。
33 ibid. p.162. 二四〇頁。
34 Smith, *An Inquiry into the Nature and Causes of the Wealth of Nations*, p.10.
水田洋監訳・杉山忠平訳『国富論』①二〇頁。
35 ibid. pp.65-66. ①九二～九三頁。
36 ibid. p.69. ①九八～九九頁。
37 ibid. p.96. ①一四三頁。
38 ibid. p.99. ①一四七頁。
39 ibid. pp.781-782. ④四九～五〇頁。
40 ibid. p.784. ④五二頁。

【第三章】

1 Buck-Morss, Susan, *Hegel, Haiti, and Universal History*, Pittsburgh: University of Pittsburgh Press, 2009, p.115.
岩崎稔・高橋明史訳『ヘーゲルとハイチ――普遍史の可能性にむけて』法政大学出版局、二〇一七年、一〇八頁。
2 Hegel, Georg Wilhelm Friedrich, *Phänomenologie des Geistes*, in: G. W. F. Hegel, *Werke in 20 Bänden* [*Werke*], Bd.3, Frankfurt am Main: Suhrkamp, 1970, S.149.
長谷川宏訳『精神現象学』作品社、一九九八年、一三二頁。
3 ibid. S.152. 一三六頁。
4 ibid. S.154. 一三七～一三八頁。
5 Buck-Morss, *Hegel, Haiti, and Universal History*, p.50.
岩崎稔・高橋明史訳『ヘーゲルとハイチ』四八頁。
6 ibid. p.3. 三頁。
7 ibid. pp.59-60. 五四～五五頁。
8 Hegel, Georg Wilhelm Friedrich, *Vorlesungen über Naturrecht und Staatswissenschaft. Heidelberg 1817/18*, Nachgeschrieben von P. Wannenmann, hrsg. von C. Becker et al. mit einer Einleitung von O. Pöggeler, Hamburg: Felix Meiner, 1983, S.32.
高柳良治監訳『自然法と国家学講義――ハイデルベルク大学1817・18年』法政大学出版局、二〇〇七年、三五頁。
9 ibid. S.31. 三四頁。
10 Hegel, Georg Wilhelm Friedrich, *Die Philosophie des Rechts: Die Mitschriften Wannenmann (Heidelberg 1817/18) und Homeyer (Berlin 1818/19)*, hrsg. Von Karl-Heinz Ilting, Stuttgart: Klett-

Cotta, 1983, S.228.
尼寺義弘訳『自然法および国家法――『法の哲学』第二回講義録1818／1819年、冬学期、ベルリン』晃洋書房、二〇〇三年、四三～四四頁。

11 ibid. S.230. 五〇頁。

12 Hegel, Georg Wilhelm Friedrich, *Philosophie des Rechts: Die Vorlesung von 1819/20 in einer Nachschrift*. hrsg. von Dieter Henrich, Frankfurt am Main: Suhrkamp, 1983, S.73-74.
中村浩爾他訳『ヘーゲル法哲学講義録1819／20』法律文化社、二〇〇二年、二八頁。

13 Hegel, Georg Wilhelm Friedrich, *Grundlinien der Philosophie des Rechts*, in: *Werke*, Bd.7, Frankfurt am Main: Suhrkamp, 1970, S.123.
上妻精他訳『法の哲学』（上・下）岩波書店、二〇〇〇年、上・一一〇頁。

14 ibid. S.123. 上・一一一頁。

15 ibid. S.144. 上・一一四頁。

16 Hegel, Georg Wilhelm Friedrich, *Die Philosophie des Rechts. Vorlesung von 1821/22*, hrsg. von Hansgeorg Hoppe, Frankfurt am Main: Suhrkamp, 2005, S.65.

17 ibid. S.69.

18 Hegel, Georg Wilhelm Friedrich, *Philosophie des Rechts nach der Vorlesungsnachschrift K. G. v. Griesheims 1824/25*, in: *Vorlesungen über Rechtsphilosophie 1818-1831*. Edition und Kommentar von Karl-Heinz Ilting, Bd.4, Stuttgart-Bad Cannstatt: Frommann-Holzboog, 1974, S.221.
長谷川宏訳『法哲学講義』作品社、二〇〇〇年、一三八頁。

19 Williams, Eric Eustace, *Capitalism & Slavery*, with a New Introduction by Colin A. Palmer, Chapel Hill: The University of North Carolina Press, 1994, p.136.
山本伸監訳『資本主義と奴隷制――経済史から見た黒人奴隷制の発生と崩壊』明石書店、二〇〇四年、二〇四頁。

20 Hegel, *Philosophie des Rechts nach der Vorlesungsnachschrift K. G. v. Griesheims 1824/25*, S.239.
長谷川宏訳『法哲学講義』一五三頁。

21 Hegel, Georg Wilhelm Friedrich, *Enzyklopädie der philosophischen Wissenschaften im Grundrisse* (*1830*), Dritter Teil: Die Philosophie des Geistes, in: *Werke*, Bd.10, Frankfurt am Main: Suhrkamp, 1970, S.59-60.
長谷川宏訳『精神哲学　哲学の集大成・要綱　第三部』作品社、二〇〇六年、六八頁。ただし、一八二二年の講義録では、ハイチは「西インドの黒人国家」となっている。cf. Hegel, Vorlesungen über die Philosophie des subjektiven Geistes: Sommersemester 1822, *Gesammete Werke*, Bd. 25-1, Hamburg: Felix Meiner, 2008, S.35-36.

22 浜忠雄『カリブからの問い――ハイチ革命と近代世界』岩波書店、二〇〇三年、二七頁。

23 同書：二七～二八頁。

24 同書：一八〇頁。

25 同書：二〇四頁。

26 同書：二〇六～二〇七頁。

27 Buck-Morss, *Hegel, Haiti, and Universal History*, p.97.
岩崎稔・高橋明史訳『ヘーゲルとハイチ』八九頁。

28 ibid. p.100. 九四頁。

29 Davis, David Brion, *The Problem of Slavery in the Age of*

Revolution, 1770-1823, Ithaca: Cornell University Press, 1975.

30 Hegel, *Vorlesungen über Naturrecht und Staatswissenschaft. Heidelberg 1817/18*, S.33. 高柳良治監訳『自然法と国家学講義』三六頁。

31 Hegel, *Grundlinien der Philosophie des Rechts*, S.144-145. 上妻精他訳『法の哲学』上・二二五頁。

32 ibid. S.389. 下・四一三〜四一四頁。

33 ibid. S.389-390. 下・四一四〜四一五頁。

34 OECD, *OECD Factbook 2015-2016: Economic, Environmental and Social Statistics*, Paris: OECD Publishing, 2016, p.57.

35 Hegel, *Grundlinien der Philosophie des Rechts*, S.107-108. 上妻精他訳『法の哲学』上・九六頁。

36 ibid. S.354. 下・三六九頁。

【第四章】

1 Marx, Karl, *Das Kapital: Kritik der politischen Oekonomie*, Bd.1, in: *MEGA*, II/5, Berlin: Dietz, 1983, S.607. 岡崎次郎訳『資本論』第一巻、『全集』第二三巻第二分冊、大月書店、一九六五年、九九一頁。

2 望月清司『マルクス歴史理論の研究』岩波書店、一九七三年、五二九〜五三〇頁。

3 Marx, *Das Kapital*, S.120-121. 岡崎次郎訳『資本論』第一巻、『全集』第二三巻第一分冊、二二〇頁。

4 青木孝平『コミュニタリアン・マルクス――資本主義批判の方向転換』社会評論社、二〇〇八年。松井暁『自由主義と社会主義の規範理論――価値理念のマルクス的分析』大月書店、二〇一二年。

5 Geras, Norman, 'The Controversy about Marx and Justice', *New Left Review*, no.150, 1985, p.70.

6 詳しくは、植村邦彦「労働と所有の不正義――マルクス：貧困・疎外・奴隷制」、姜尚中・齋藤純一編『逆光の政治哲学――不正義から問い返す』第六章、法律文化社、二〇一六年を参照されたい。

7 Engels, Friedrich und Karl Marx Die heilige Familie, in: Karl Marx und Friedrich Engels, *Weke* [*MEW*], Bd.2, Berlin: Dietz, 1957, S.123. 石堂清倫訳「聖家族」、『全集』第二巻、大月書店、一九六〇年、一二一頁。

8 Marx, Karl, Marx an Pawel Wassiljewitsch Annenkow, 28. Dezember 1846, in: *MEGA*, III/2, Berlin: Dietz, 1979, S.76-77. 岡崎次郎訳「マルクスからアンネンコフへの手紙」、『全集』第四巻、大月書店、一九六〇年、五六九頁。

9 Marx, Karl, *Misère de la Philosophie. Réponse à la Philosophie de la Misère de M. Proudhon*, avec Notice, Transcription et Notes par Kikuji Tanaka, Tokyo: Aoki Shoten, 1982, pp.102-103. 平田清明訳「哲学の貧困」、『全集』第四巻、一三五〜一三六頁。

10 Proudhon, Pierre-Joseph, *Système des contradictions économiques, ou Philosophie de la misère*, 2 tomes, Paris: Guillaumin, 1846, vol.1, pp.120-121. 斉藤悦則訳『貧困の哲学』（上・下）平凡社ライブラリー、二〇一四年、上・一九二〜一九三頁。

11 ibid. pp.160-161. 上・二三八頁。

12 Bray, John Francis, *Labour's Wrongs and Labour's Remedy; or, The Age of Might and the Age of Right*, Leeds: David Green, Briggate, 1839, pp.20.

13 ibid. pp.20-21.
14 ibid. pp.48-49.
15 ibid. p.57.
16 ibid. p.69.
17 ibid. p.96.
18 ibid. p.178.
19 ibid. p.178.
20 ibid. p.178.
21 ibid. p.191.
22 cf. Bronstein, Jamie, *John Francis Bray: Transatlantic Radical*, Pontypool, Wales: Merlin Press, 2009.
23 Marx, Karl, Exzerpte und Notizen Juli 1845 bis Dezenber 1850, in: *MEGA*, Ⅳ/5, Berlin/München/Boston: Walter de Gruyter, 2015, S.5-59.
24 Marx, *Misère de la Philosophie*, p.50.
平田清明訳「哲学の貧困」、『全集』第四巻、九七頁。
25 Bray, *Labour's Wrongs and Labour's Remedy; or, The Age of Might and the Age of Right*, pp.20-21.
26 Marx, Exzerpte und Notizen Juli 1845 bis Dezenber 1850, S.10.
27 Carey, Henry Charles, *The Slave Trade, Domestic and Foreign: Why It Exists, and How It May Be Extinguished*, Philadelphia: A. Hart, 1853.
28 Marx, Karl, Marx an Engels, 14. Juni 1853, in: *MEGA*, Ⅲ/6, Berlin: Dietz, 1987, S.198.
岡崎次郎訳「マルクスからエンゲルスへ」、『全集』第二八巻、大月書店、一九七一年、二二〇頁。
29 ibid. S.197-198. 二一九～二二〇頁。
30 Marx, Karl, 'The British Cotton Trade', *New-York Daily Tribune*, no.6405, October 14, 1861, in: *Karl Marx and Frederic Engels Collected Works* [*MECW*], vol.19, London: Lawrence & Wishart, 1984, pp.19-20.
荒牧正憲訳「イギリスの綿花貿易」、『全集』第一五巻、大月書店、一九六五年、三〇二頁。
31 Marx, Karl, 'The London Times on the Orleans Princes in America', *New-York Daily Tribune*, no.6426, November 7, 1861, in: *MECW*, vol.19, p.30.
杉本俊朗訳「ロンドン『タイムズ』のアメリカにおけるオルレアン諸公子論」、『全集』第一五巻、三一〇頁。
32 Marx, Karl, Der Bürgerkrieg in den Vereinigten Staaten, in: *Die Presse*, Nr.306 vom 7. November 1861, in: *MEW*, Bd.15, Berlin: Dietz, 1961, S.346.
中西弘次訳「合衆国の内戦」、『全集』第一五巻、三二九頁。
33 Marx, Karl, Zur Kritik der politischen Ökonomie（Manuskript 1861-1863）, in: *MEGA*, Ⅱ.3.3, Berlin: Dietz, 1978, S.936.
時永淑他訳「経済学批判（一八六一―一八六三年草稿）」第三分冊、『資本論草稿集⑥』、大月書店、一九八一年、四二二～四二三頁。
34 Marx, Karl, Zur Kritik der Dinge in Amerika, in: *Die Presse*, Nr.217 vom 9. August 1862, in: *MEW*, Bd.15, S.527.
田口陽一訳「アメリカの事態の批判」、『全集』第一五巻、五〇二頁。
35 Anderson, Kevin B., *Marx at the Margins: On Nationalism, Ethinicity, and Non-western Societies*, Chicago and London: The University of Chicago Press, 2010, p.82.
平子友長監訳『周縁のマルクス――ナショナリズム、エスニシティおよび非西洋社会について』社会評論社、二〇一五年、一三五頁。

36　Marx, *Das Kapital*, S.239-240.
岡崎次郎訳『資本論』第一巻、『全集』第二三巻第一分冊、三九五頁。

37　ibid. S.240. 三九六頁。

38　ibid. S.324. 五一六頁。

39　Buck-Morss, Susan, *Hegel, Haiti, and Universal History*, Pittsburgh: University of Pittsburgh Press, 2009, p.102.
岩崎稔・高橋明史訳『ヘーゲルとハイチ——普遍史の可能性にむけて』法政大学出版局、二〇一七年、九六頁。

40　Marx, Karl, Grundrisse der Kritik der politischen Ökonomie, in: *MEGA*, Ⅱ/1.2, Berlin: Dietz, 1981, S.370-371.
渡辺憲正他訳「経済学批判要綱」第二分冊、『資本論草稿集②』大月書店、一九九三年、一〇三～一〇四頁。

41　Marx, Karl, Zur Kritik der politischen Ökonomie（Manuskript 1861-1863）, in: *MEGA*, Ⅱ/3.6, Berlin: Dietz, 1982, S.2237.
大野節夫他訳「経済学批判（一八六一－一八六三年草稿）」第六分冊、『資本論草稿集⑨』大月書店、一九九四年、五九八頁。

42　ibid. S.2133-2134. 三七五頁。

43　Marx, *Das Kapital*, S.464.
岡崎次郎訳『資本論』第一巻、『全集』第二三巻第二分冊、七四六～七四七頁。

44　Marx, Karl, Das Kapital（Ökonomisches Manuskript 1863-1865）, in: *MEGA*, Ⅱ/4.2, Berlin: Dietz, 1992, S.412-413.
岡崎次郎訳『資本論』第三巻、『全集』第二五巻第一分冊、大月書店、一九六六年、四二三頁。

45　Marx, Karl, Value, Price and Profit, in: *MEGA*, Ⅰ/20, Berlin: Dietz, 1992, S.186.
横山正彦訳「賃金、価格、利潤」、『全集』第一六巻、大月書店、一九六六年、一五四頁。

46　Marx, *Das Kapital*, S.574.
岡崎次郎訳『資本論』第一巻、『全集』第二三巻第二分冊、九三一頁。

47　Smith, Adam, *An Inquiry into the Nature and Causes of the Wealth of Nations*, edited by R. H. Campbell, A. S. Skinner and W. B. Todd, Oxford: Clarendon Press, 1976, pp.65-66.
水田洋監訳・杉山忠平訳『国富論』（全四分冊）岩波文庫、二〇〇〇～二〇〇一年、①九二頁。

48　ibid. p.277. ②一六～一七頁。

49　ibid. p.337. ②一二二頁。

50　Marx, Karl, Interventionsfeindliche Stimmung, in: *Die Presse*, Nr.34 vom 4. Februar 1862, in: *MEW*, Bd.15, S.458.
毛利健三訳「干渉反対の気分」、『全集』第一五巻、四三六頁。

51　Marx, *Das Kapital*, S.607.
岡崎次郎訳『資本論』第一巻、『全集』第二三巻第二分冊、九九〇頁。

52　ibid. p.607. 九九一頁。

53　Smith, *An Inquiry into the Nature and Causes of the Wealth of Nations*, p.37.
水田洋監訳・杉山忠平訳『国富論』①五一頁。

54　Marx, *Das Kapital*, S.209.
岡崎次郎訳『資本論』第一巻、『全集』第二三巻第一分冊、三四九頁。

55　ibid. S.437. 第二分冊六九九～七〇〇頁。

56　Marx, Karl, The Civil War in France（First Draft）, in: *MEGA*,

I/22, Berlin: Dietz, 1978, S.59.
村田陽一訳「『フランスにおける内乱』第一草稿」、『全集』第一七巻、大月書店、一九六六年、五一七～五一八頁。

57 Marx, Karl, Randglossen zum Programm der deutschen Arbeiterpartei, in: *MEGA*, I/25, Berlin: Dietz, 1985, S.19.
望月清司訳『ゴータ綱領批判』岩波文庫、一九七五年、四七～四八頁。

58 ibid. S.20. 五〇頁。

59 ibid. S.19. 四八頁。

【第五章】

1 Harvey, David. *A Brief History of Neoliberalism*, Oxford: Oxford University Press, 2005, p.2.
渡辺治監訳『新自由主義――その歴史的展開と現在』作品社、二〇〇七年、一〇～一一頁。

2 ibid. p.77. 一〇九頁。

3 Harvey, David. *A Companion to Marx's Capital*, London & New York: Verso, 2010, pp.170-171.
森田成也・中村好孝訳『〈資本論〉入門』作品社、二〇一一年、二六〇頁。

4 ibid. p.226. 三四〇頁。

5 ibid. p.310. 四五八頁。

6 Harvey, David. *Seventeen Contradictions and the End of Capitalism*, Oxford: Oxford University Press, 2014, pp.67-68.
大屋定晴他訳『資本主義の終焉――資本の17の矛盾とグローバル経済の未来』作品社、二〇一七年、一〇〇頁。

7 「『新経済社会7カ年計画』について」一九七九年、二頁。
https://www.ipss.go.jp/publication/j/shiryou/no.13/data/shiryou/souron/8.pdf

8 同：四頁。

9 同：五頁。

10 同：一八～一九頁。

11 同：二二頁。

12 同：二三頁。

13 同：七七頁。

14 菊地史彦『「幸せ」の戦後史』トランスビュー、二〇一三年、一二〇頁。

15 同書：一二二頁。

16 経済同友会「こうして日本を変える――日本経済の仕組みを変える具体策」一九九七年、二頁。
https://www.doyukai.or.jp/policyproposals/articles/1996/970327.html

17 同：二頁。

18 同：三頁。

19 同：五頁。

20 同：七頁。

21 同：八頁。

22 日本型新自由主義と「市民社会」論との関係について、詳しくは、植村邦彦『市民社会とは何か――基本概念の系譜』平凡社新書、二〇一〇年を参照されたい。

23 経済同友会「こうして日本を変える」一九頁。

24 同：二〇～二一頁。

25 山森亮『ベーシック・インカム入門――無条件給付の基本所得を考える』光文社新書、二〇〇九年、五四～五五頁。

26　山森亮「ベーシックインカムの理念と制度」、エノ・シュミット／山森亮／堅田香緒里／山口純『お金のために働く必要がなくなったら、何をしますか?』光文社新書、二〇一八年、七四頁。
27　Becker, Gary Stanley, *Human Capital: A Theoretical and Empirical Analysis, with Special Reference to Education*, 3rd ed., Chicago: The University of Chicago Press, 1993, p.11.
佐野陽子訳『人的資本――教育を中心とした理論的・経験的分析』東洋経済新報社、一九七六年、一一頁。
28　ibid. pp.245-246. 二五六～二五七頁。
29　ibid. p.247. 二五八頁。
30　Bowles, Samuel and Herbert Gintis, 'The Problem with Human Capital Theory: A Marxian Critique', *American Economic Review*, vol.65, issue 2, May 1975, p.74.
31　ibid. p.74.
32　ibid. p.75.
33　ibid. p.82.
34　Bowles, Samuel and Herbert Gintis, *Schooling in Capitalist America: Educational Reform and the Contradictions of Economic Life*, New York: Basic Books, 1976, p.9.
宇沢弘文訳『アメリカ資本主義と学校教育――教育改革と経済制度の矛盾』（全二分冊）岩波現代選書、一九八六年、①一四～一五頁。
35　ibid. p.11. ①一八～一九頁。
36　ibid. p.12. ①一九～二〇頁。
37　ibid. p.114. ①一九六頁。
38　ibid. p.145. ①二四七頁。
39　ibid. pp.251-252. ②一七九～一八〇頁。
40　Harvey, *Seventeen Contradictions and the End of Capitalism*, pp.185-186.
大屋定晴他訳『資本主義の終焉』二四四頁。
41　河合江理子「人的資本の向上に向けて」内閣府経済社会総合研究所、二〇一七年。
http://www.esri.go.jp/jp/seisaku_interview/interview2017_16.html
42　橋本健二『アンダークラス――新たな下層階級の出現』ちくま新書、二〇一八年、一一六頁。
43　塩谷智美『マインド・レイプ――自己啓発セミナーの危険な素顔ドキュメント』三一書房、一九九七年、一五三頁。
44　小池靖『セラピー文化の社会学――ネットワークビジネス・自己啓発・トラウマ』勁草書房、二〇〇七年、八四頁。
45　同書：九六頁。
46　塩谷智美『マインド・レイプ』一頁。
47　同書：四二～四九頁。
48　小池靖『セラピー文化の社会学』八一頁。
49　同書：九九頁。
50　同書：一〇一頁。
51　日本経営者団体連盟『新時代の「日本的経営」――挑戦すべき方向とその具体策』（新・日本的経営システム等研究プロジェクト報告）日本経営者団体連盟、一九九五年、三～四頁。
52　同書：九頁。
53　同書：四頁。
54　同書：五頁。
55　同書：四八頁。
56　同書：五〇頁。
57　同書：一〇三頁。

58 同書：一〇五頁。
59 同書：一〇六頁。
60 経済審議会行動計画委員会「雇用・労働ワーキンググループ報告書」内閣府、一九九六年。
https://www5.cao.go.jp/j-j/keikaku/koyou1-j-j.html
61 同。
62 同。
63 産労総合研究所「キャリア自律時代の自己啓発援助施策に関する調査」二〇一四年、三頁。
https://www.e-sanro.net/research/research_jinji/jijiromu/career/pr1402-2.html
64 同：四頁。
65 熊沢誠『過労死・過労自殺の現代史——働きすぎに斃れる人たち』岩波現代文庫、二〇一八年、一六二〜一六三頁。
66 同書：七一頁。
67 川人博『過労自殺 第二版』岩波新書、二〇一四年、二〇頁。
68 同書：三〇頁。
69 同書：八三頁。
70 同書：一〇八〜一〇九頁。
71 熊沢誠『過労死・過労自殺の現代史』三九六〜三九七頁。
72 同書：三九八頁。
73 Marx, Karl, *Das Kapital: Kritik der politischen Oekonomie*, Bd.1, in: *MEGA*, II/5, Berlin: Dietz, 1983, S.181.
岡崎次郎訳『資本論』第一巻、『全集』第二三巻第一分冊、大月書店、一九六五年、三〇五頁。
74 Harvey, *A Companion to Marx's Capital*, p.138.
森田成也・中村好孝訳『〈資本論〉入門』二二二〜二二三頁。
75 ibid. p.143. 二一九頁。

【第六章】

1 Marx, Karl, *Das Kapital: Kritik der politischen Oekonomie*, Bd.1, in: *MEGA*, II/5, Berlin: Dietz, 1983, S.607.
岡崎次郎訳『資本論』第一巻、『全集』第二三巻第二分冊、大月書店、一九六五年、九九一頁。
2 ibid. S.601. 九八〇頁。
3 Williams, Eric Eustace, *Capitalism & Slavery*, with a New Introduction by Colin A. Palmer, Chapel Hill: The University of North Carolina Press, 1994, p.52.
山本伸監訳『資本主義と奴隷制——経済史から見た黒人奴隷制の発生と崩壊』明石書店、二〇〇四年、九二頁。
4 ibid. p.210. 三〇二頁。
5 Pomeranz, Kenneth, *The Great Divergence: China, Europe and the Making of the Modern World Economy*, Princeton: Princeton University Press, 2000, p.4.
川北稔監訳『大分岐——中国、ヨーロッパ、そして近代世界経済の形成』名古屋大学出版会、二〇一五年、一八頁。
6 ibid. p.20. 三五〜三六頁。
7 ibid. p.25. 四〇頁。
8 ibid. p.182. 一九四頁。
9 ibid. p.188. 二〇一頁。
10 ibid. p.192. 二〇四頁。
11 ibid. p.283. 二九一頁。
12 ibid. p.21. 三六頁。
13 Buck-Morss, Susan, *Hegel, Haiti, and Universal History*,

Pittsburgh: University of Pittsburgh Press, 2009, p.100.
岩崎稔・高橋明史訳『ヘーゲルとハイチ——普遍史の可能性にむけて』法政大学出版局、二〇一七年、九四頁。

14　浜忠雄『カリブからの問い——ハイチ革命と近代世界』岩波書店、二〇〇三年、五四〜五五頁。

15　Scott, James C., *The Art of Not Being Governed: An Anarchist History of Upland Southeast Asia*, New Haven and London: Yale University Press, 2009, p.ix.
佐藤仁監訳『ゾミア——脱国家の世界史』みすず書房、二〇一三年、ix頁。

16　ibid. p.ix. ix-x頁。

17　ibid. p.x. x頁。

18　ibid. pp.8-9. 九頁。

19　ibid. p.85. 八六頁。

20　Scott, James C., *Two Cheers for Anarchism: Six Easy Pieces on Autonomy, Dignity, and Meaningful Work and Play*, Princeton: Princeton University Press, 2012, p.xx.
清水展・日下渉・中溝和弥訳『実践 日々のアナキズム——世界に抗う土着の秩序の作り方』岩波書店、二〇一七年、xviii頁。

21　ibid. pp.8-9. 一〇頁。

22　ibid. p.12. 一四頁。

23　Hardt, Michael and Antonio Negri, *Commonwealth*, Cambridge, MA: Harvard University Press, 2009, p.152.
水嶋一憲監訳、幾島幸子・古賀祥子訳『コモンウェルス——〈帝国〉を超える革命論』（上・下）ＮＨＫブックス、二〇一二年、上・二四四〜二四五頁。

24　ibid. p.368. 下・二六三〜二六四頁。

25　Humphrey, Caroline, 'Barter and Economic Disintegration', *Man*, New Series, vol.20, no.1, 1985, p.48.

26　Graeber, David, *Debt: The First 5,000 Years*, New York: Melville House, 2011, p.40.
酒井隆史監訳『負債論——貨幣と暴力の５０００年』以文社、二〇一六年、六三頁。

27　ibid. p.46. 七〇頁。

28　ibid. p.79. 一一九頁。

29　ibid. p.79. 一一九頁。

30　イヌイットの社会についてのもう少し立ち入った人類学的研究の現状については、植村邦彦「贈与と分かち合い——グレーバー『負債論』をめぐって」、『情況』冬号（第五期二巻第一号）、情況出版、二〇一九年を参照されたい。

31　Graeber, *Debt: The First 5,000 Years*, p.386.
酒井隆史監訳『負債論』五七〇頁。

32　ibid. p.146. 二二二頁。

33　ibid. p.423. 七〇二頁。

34　ibid. p.207. 三一二頁。

35　ibid. p.350. 五一六〜五一七頁。

36　ibid. p.94. 一四二頁。

37　ibid. p.95. 一四三頁。

38　ibid. p.96. 一四四頁。

39　ibid. p.98. 一四六頁。

40　ibid. p.326. 四八二頁。

41　Marx, Karl, Das Kapital (Ökonomisches Manuskript 1868-1870), Zweites Buch (Manuskpirt II), in: *MEGA*, II/11, Berlin: Akademie, 2008, S.308.

42 Graeber, *Debt: The First 5,000 Years*, p.375. 酒井隆史監訳『負債論』五五四頁。
43 ibid. p.379. 五六〇頁。
44 ibid. p.377. 五五七頁。
45 Wallerstein, Immanuel, 'Structural Crisis, or Why Capitalists May No Longer Find Capitalism Rewarding', in: Immanuel Wallerstein et al., *Does Capitalism Have A Future?*, Oxford: Oxford University Press, 2013, p.11.
46 ibid. p.35.
47 Streeck, Wolfgang, *How Will Capitalism End?*, London & New York: Verso, 2016, p.47. 村澤真保呂・信友建志訳『資本主義はどう終わるのか』河出書房新社、二〇一七年、六七～六八頁。
48 ibid. pp.57-58. 八一頁。
49 ibid. p.72. 一〇四頁。
50 Perrow, Charles, *Normal Accidents: Living with High-Risk Thecnologies*, New York: Basic Books, 1984, p.5.
51 Streeck, *How Will Capitalism End?*, pp.2-3. 村澤真保呂・信友建志訳『資本主義はどう終わるのか』八頁。
52 Robinson, Joan, *Economic Philosophy*, London: C. A. Watts, 1962, p.45.
53 Streeck, *How Will Capitalism End?*, p.13. 村澤真保呂・信友建志訳『資本主義はどう終わるのか』二四頁。
54 ibid. p.35. 五二頁。
55 ibid. p.38. 五六頁。
56 工藤律子『ルポ　雇用なしで生きる――スペイン発「もうひとつの生き方」への挑戦』岩波書店、二〇一六年、一三五～一三六頁。
57 Mason, Paul, *Postcapitalism: A Guide to Our Future*, London: Penguin Books, 2016, p.144. 佐々とも訳『ポストキャピタリズム――資本主義以後の世界』東洋経済新報社、二〇一七年、二四八頁。
58 ibid. p.244. 三九七頁。
59 ibid. p.265. 四三一頁。
60 ibid. p.275. 四四八頁。
61 ibid. p.276. 四四八頁。

【終章】

1 森岡孝二『雇用身分社会』岩波新書、二〇一五年、八頁。
2 朱野帰子『わたし、定時で帰ります。』新潮文庫、二〇一九年、一七四頁。
3 同書：一七六頁。
4 Marx, Karl, Das Kapital (Ökonomisches Manuskript 1863-1865), in: *MEGA*, II/4.2, Berlin: Dietz, 1992, S.838. 岡崎次郎訳『資本論』第三巻、『全集』第二五巻第二分冊、大月書店、一九六七年、一〇五一頁。

植村邦彦（うえむら くにひこ）

一九五二年愛知県生まれ。一橋大学大学院博士課程修了（社会学博士）。関西大学経済学部教授。専門は社会思想史。主な著作に『マルクスを読む』『「近代」を支える思想　市民社会・世界史・ナショナリズム』『マルクスのアクチュアリティ　マルクスを再読する意味』『市民社会とは何か』『ローザの子供たち、あるいは資本主義の不可能性　世界システムの思想史』など。

集英社新書〇九八三A

隠《かく》された奴《ど》隷《れい》制《せい》

二〇一九年 七 月二二日 第一刷発行
二〇二一年一二月 六 日 第三刷発行

著者……植村《うえむら》邦彦《くにひこ》
発行者……樋口尚也
発行所……株式会社集英社
東京都千代田区一ツ橋二-五-一〇　郵便番号一〇一-八〇五〇
電話　〇三-三二三〇-六三九一（編集部）
〇三-三二三〇-六〇八〇（読者係）
〇三-三二三〇-六三九三（販売部）書店専用

装幀……原 研哉
印刷所……大日本印刷株式会社　凸版印刷株式会社
製本所……加藤製本株式会社

定価はカバーに表示してあります。

ISBN 978-4-08-721083-5 C0233
Printed in Japan

集英社新書　好評既刊

政治・経済——A

- 闘う区長　保坂展人
- 対論！　日本と中国の領土問題　横山宏章　王雲海
- 戦争の条件　藤原帰一
- 金融緩和の罠　藻谷浩介　河野龍太郎　小野善康　萱野稔人
- バブルの死角　日本人が損するカラクリ　岩本沙弓
- ＴＰＰ　黒い条約　中野剛志・編
- はじめての憲法教室　水島朝穂
- 成長から成熟へ　天野祐吉
- 資本主義の終焉と歴史の危機　水野和夫
- 上野千鶴子の選憲論　上野千鶴子
- 安倍官邸と新聞　「二極化する報道」の危機　徳山喜雄
- 世界を戦争に導くグローバリズム　中野剛志
- 誰が「知」を独占するのか　福井健策
- 儲かる農業論　エネルギー兼業農家のすすめ　金子勝　武本俊彦
- 国家と秘密　隠される公文書　久保亨　瀬畑源
- 秘密保護法—社会はどう変わるのか　宇都宮健児　堀敏明　足立昌勝　林克明
- 沈みゆく大国　アメリカ　堤未果
- 亡国の集団的自衛権　柳澤協二
- 資本主義の克服　「共有論」で社会を変える　金子勝
- 沈みゆく大国　アメリカ〈逃げ切れ！　日本の医療〉　堤未果
- 「朝日新聞」問題　徳山喜雄
- 丸山眞男と田中角栄　「戦後民主主義」の逆襲　佐高信　早野透
- 英語化は愚民化　日本の国力が地に落ちる　施光恒
- 宇沢弘文のメッセージ　大塚信一
- 経済的徴兵制　布施祐仁
- 国家戦略特区の正体　外資に売られる日本　郭洋春
- 愛国と信仰の構造　全体主義はよみがえるのか　中島岳志　島薗進
- イスラームとの講和　文明の共存をめざして　内藤正典　中田考
- 「憲法改正」の真実　樋口陽一　小林節
- 世界を動かす巨人たち〈政治家編〉　池上彰
- 安倍官邸とテレビ　砂川浩慶
- 普天間・辺野古　歪められた二〇年　宮城大蔵　渡辺豪
- イランの野望　浮上する「シーア派大国」　鵜塚健

a pilot of wisdom

自民党と創価学会 佐高 信
世界「最終」戦争論 近代の終焉を超えて 内田 樹／姜 尚中
日本会議 戦前回帰への情念 山崎雅弘
不平等をめぐる戦争 グローバル税制は可能か？ 上村雄彦
中央銀行は持ちこたえられるか 河村小百合
近代天皇論 ――「神聖」か、「象徴」か 片山杜秀／島薗 進
地方議会を再生する 相川俊英
ビッグデータの支配とプライバシー危機 宮下 紘
スノーデン 日本への警告 エドワード・スノーデン／青木 理 ほか
閉じてゆく帝国と逆説の21世紀経済 水野和夫
新・日米安保論 柳澤協二／伊勢﨑賢治／加藤 朗
グローバリズム その先の悲劇に備えよ 中野剛志／柴山桂太
世界を動かす巨人たち〈経済人編〉 池上 彰
アジア辺境論 これが日本の生きる道 内田 樹／姜 尚中
ナチスの「手口」と緊急事態条項 長谷部恭男／石田勇治
改憲的護憲論 松竹伸幸
「在日」を生きる ある詩人の闘争史 金 時鐘／佐高 信

決断のとき――トモダチ作戦と涙の基金 小泉純一郎 取材・構成 常井健一
公文書問題 日本の「闇」の核心 瀬畑 源
大統領を裁く国 アメリカ 矢部 武
国体論 菊と星条旗 白井 聡
広告が憲法を殺す日 本間 龍／南部義典
よみがえる戦時体制 治安体制の歴史と現在 荻野富士夫
権力と新聞の大問題 望月衣塑子／マーティン・ファクラー
「改憲」の論点 木村草太／青井未帆 ほか
保守と大東亜戦争 中島岳志
富山は日本のスウェーデン 井手英策
スノーデン 監視大国 日本を語る エドワード・スノーデン／国谷裕子 ほか
「働き方改革」の嘘 久原 穏
国権と民権 佐高 信／早野 透
限界の現代史 内藤正典
除染と国家 21世紀最悪の公共事業 日野行介
安倍政治 100のファクトチェック 南 彰／望月衣塑子
「通貨」の正体 浜 矩子

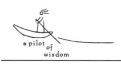